初中英语课堂
教学风格养成研究

张晓霞 编著

eaching Style
ent in Middle School English Classes

蘭州大學出版社
LANZHOU UNIVERSITY PRESS

图书在版编目（CIP）数据

初中英语课堂教学风格养成研究 / 张晓霞编著. --
兰州 : 兰州大学出版社, 2023.12
ISBN 978-7-311-06593-5

Ⅰ. ①初… Ⅱ. ①张… Ⅲ. ①英语课—课堂教学—教学研究—初中 Ⅳ. ①G633.412

中国国家版本馆CIP数据核字(2023)第231752号

责任编辑 武素珍 宋 婷
封面设计 陈 欣

书 名 初中英语课堂教学风格养成研究
作 者 张晓霞 编著
出版发行 兰州大学出版社 （地址:兰州市天水南路222号 730000）
电 话 0931-8912613(总编办公室) 0931-8617156(营销中心)
网 址 http://press.lzu.edu.cn
电子信箱 press@lzu.edu.cn
印 刷 西安日报社印务中心
开 本 710 mm×1020 mm 1/16
印 张 12.25(插页2)
字 数 213千
版 次 2023年12月第1版
印 次 2023年12月第1次印刷
书 号 ISBN 978-7-311-06593-5
定 价 38.00元

前　言

在我们国家，教育从来都是受到高度重视的，不管是古代的“因材施教”，还是当代的“教育要以人为本”，都注重在人的成长过程中教育所能发挥的指引作用。影响教学效果的因素有很多，如教师的自身素养、师生关系、学生自身素质等。教师作为知识的传授者，其自身条件直接关系到教学效果的成败。我们应把注意点放在教师身上，探讨教师在教学过程中应当具备哪些素质。

要想取得比较好的教学效果，一方面，要求教师要有大量的知识储备；另一方面，教师的知识储备并非为自己服务，而是要最大限度地输出给学生。如何高效输出？这就比较考验教师的功底。教师的能力、教学风格等都会影响教师给学生输出知识的程度。

所谓教学风格，就是指教学活动的特色，是教师的教育思想、个性特点、教育技巧在教育过程中独特的、和谐的结合和经常性的表现。教学风格的形成是一个漫长而复杂的过程，也是一个教师在教学艺术上趋于成熟的标志，需要教师在教学实践中不断完善和精进。

教学风格具有艺术性、创造性、实效性和稳定性，而实效性就体现在教学活动中对于学生学习能力和水平的提高方面。笔者通过大量的文献阅读，结合自身的英语课堂教学实践，认为在教学活动中，教师的教学风格对教学效果有很大的影响，一个拥有鲜明教学风格的教师更容易被学生记住，在激发学生学习兴趣方面占有较大的优势。通过本书，笔者希望能让更多的初中英语教师认识到教学风格的重要性，从而在自己的教学课堂中，注重对教学风格的应用。当然了，教学活动仅靠教师是无法完成的，还需要学生的配合，教师的教学风格应当适合自己的学生，这就需要教师通过多种方式去了解自己的学生，形成和培养一种最有效的教学风格。

教学风格的形成，并非简单偶然的，而是教师在教学实践过程中慢慢摸索、慢慢改进形成的，凝聚着教师的美学理想和教学艺术实践的匠心。教师从开始教学，到逐渐成熟，再到最后形成独特的教学风格，是一个艰苦而长期的教学艺术实践过程，需要教师付出很多的精力和心血。

在初中英语课堂教学中，面对还没有完全养成英语学习习惯的学生，教师的教学风格会对学生产生哪些影响？本书主要就这一话题进行了探讨。全书共分为六个部分，主要介绍了英语课堂教学的发展与初中英语课堂教学现状，引进与教学相关的理论，分析了初中英语教师、学生特性，初中英语教师常见教学风格，初中英语课堂教学思维模式等内容，通过案例分析的方式，对初中英语课堂教师教学风格与教学效果的关系进行了研究，并为初中英语教师教学风格的培养和形成提出针对性建议，以期提高初中英语课堂教学质量。

因为笔者水平有限，文章中有很多不成熟的观点，希望读者朋友们能够予以批评指正。

张晓霞

2023年10月

目 录

第一章　初中英语教学概述

第一节　英语教学相关背景

一、英语教学的发展史

（一）1949年以前的英语教学

早在鸦片战争前，中国沿海岛屿就开设了与英语有关的课堂。来自英国的马礼逊是最早来到中国的基督教传教士[①]，他编辑并出版了中国历史上第一部英汉字典——《华英字典》。在马礼逊去世的一年时间里（1835年），香港、广州等地的传教士成立了马礼逊教育协会，为当地的儿童教授英文。后来，清政府也开始重视英语教学，并专门成立了京师同文馆，用来培养懂英语的专门人才。起初，同文馆仅设英文馆，由英国传教士包尔腾任第一任英文教师，后来又设立了法文、俄文等馆。甲午战争（1894年）后，光绪皇帝于1898年6月下令设立京师大学堂，后改为大学堂的译学馆，译学馆的教学以外国语言为主。1902年，清廷颁布了《钦定中学堂章程》（壬寅学制），规定“今后府州所设学堂为中学堂”，其中外国文（英语）课时占总课时的1/4。[②]1912年9月，南京临时政府有关部门制定了学制规定，第二年又做了相应补充，决定在小学开设英语课

① 百度百科，罗伯特·马礼逊，https://baike.baidu.com/item/%E7%BD%97%E4%BC%AF%E7%89%B9%C2%B7%E9%A9%AC%E7%A4%BC%E9%80%8A/14099542。

② 顾明远：《教育大辞典》，上海教育出版社，1998年。

程，这一时期，对于中学生而言，外语已经成为一门必修课程。1933年，相关部门公布了《中学规程》和《中学课程标准》，规定初高中学生各学3年英语，每周5课时。[①]1936年，相关部门公布了《修正中学课程标准》，规定初中3年英语，每周减少为4课时，高中仍为5课时。1940年，相关部门公布了《修订初高中课程标准》，规定初中英语改为选修，高中为必修。1947年，相关部门开始修订中学课程标准，1948年公布，规定初中一、二年级英语课每周3学时，初三每周4学时，高中3年每周5学时。[②]

（二）1949—1965年的英语教学

这一时期，因为俄语人才比较缺乏，俄语课程几乎包揽了学生的外语课程的种类，所以俄语课在中国非常流行，还有专门编写的教材。这种现象一直持续到1956年，随着西方语言教学在国内教学市场的慢慢渗入，高中英语课的教学面才逐渐有所扩大。

（三）1966—1976年的英语教学

这一时期受“文化大革命”的影响，中国的教育进入了瘫痪状态，英语教学也处于停滞状态，英语的发展受到限制，人们几乎完全放弃了英语教学与英语学习。

（四）从1977年至20世纪90年代的英语教学

从这一时期开始，中国的英语教学迎来了繁花盛开的春天。为更快、更有针对性地培养建设人才，在开始改革开放的1978年，教育部印发了《全日制十年制中小学英语教学大纲（试行草案）》，该教学大纲指明了开设英语课程的必要性，对教师教学所采用的方法等做了详细说明。之后，当时的国家教委在1986年颁布了《全日制中学英语教学大纲》。大纲明确指出，英语不再是作为一门无其他意义的工具学科，而是主要应用于实践，也就是与人交流沟通的工具。英语学习可以提高学生文化素质、开发学生智力、引导学生向善向美，因而要利用好英语的这一功能。与此同时，教育部门开始组织专业人员编写中小

① 顾明远：《教育大辞典》，上海教育出版社，1998年。

② 付克：《中国外语教育史》，上海外语教育出版社，2004年。

学通用教材，其中就包含英语。由中小学通用教材英语编写组编写的《全日制十年制学校初中英语课本》和《全日制十年制学校高中英语课本》在全国范围内使用。在编写通用教材的基础上，编写小组对上述教材进行修订，由人民教育出版社出版了《初级英语课本》和《高级英语课本》。在修订过程中，专家们既参考了不少听说法和情景法的教材，也考虑到我国英语教学的实际情况。与此同时，北京外国语学院受教育部委托，编写专业教材《英语》，该教材也采用听说领先、句型为主的听说法。

自20世纪80年代以来，随着全球化趋势和我国经济社会的发展，我国一批专业人才和外国专业人才的交流变得越来越密切，我国更多的专业人才开始将研究领域拓展得更为广泛，在社会语言学、心理语言学等方面取得了显著的成绩。为更好改进英语教学效果，提升中小学英语教学质量，国家教委组织专业人员结合当时的英语教学现状和需求，对英语教学大纲进行了修订。

国家教委在1986年颁布《全日制中学英语教学大纲》后，1992年正式颁布《九年义务教育全日制初级中学英语教学大纲（试用）》，1993年又颁布了《全日制高级中学英语教学大纲（初审稿）》。大纲内容的更新和变化反映了我们的语言观和语言学习观的变化。上述1992、1993年颁布的大纲，更注重语言的运用，把学生对日常交际用语的掌握放在了重要位置，注重学生在学习英语过程中与人交流能力的提升。在新大纲指引下，20世纪80年代后期和90年代初期，我国学者已编出了重视语言运用、重视培养学生交际能力的多种英语教材，真正出现了“一个教学大纲，多种教学课本”的局面。

（五）21世纪前后的英语教学课程改革

21世纪前后，国家经济发展迅速，进入突飞猛进阶段，对基础教育提出更高的要求，对此，教育部在20世纪90年代中后期开展了新一轮教学改革。改革以当时我国九年义务制教学课程实施状况为基础，并充分借鉴国外课程改革经验，组织一批专业人才对有关课程标准进行修改制定。1999年4月，有关专业人员开始对义务教育阶段的英语课程标准展开修订，开始成为我国21世纪中小学英语课程教育大纲的雏形。《全日制义务教育普通高级英语课程标准（征求意见稿）》于2000年1月在《中小学英语教学》杂志上公开发表征求意见，其实验稿由教育部于2001年正式颁布并于同年进行实验。截至2003年，全国共有

1642个县（区），3500万中小学生依据新课程标准开展英语学习。[①]同年，教育部又颁布了《普通高中英语课程标准（实验）》，并于2004年开始在广东、山东、宁夏和海南进行实验。以上英语课程标准有以下五个特点：一是全新的评价体系，除了对学生做出评价外，也对教师和学校做出评价，在对学生的评价体系中，更加注重对学习过程的评价；二是采用分级方式设计新的英语课程，代替目前大纲分学段、分年级的设计模式；三是注重学生对英语的应用能力，突出语言的实践作用，适当提高对词汇量的要求；四是充分利用现有教学资源，营造良好的语言环境，拓宽学习途径，为学生自主学习和终身教育创造条件；五是突出素质教育，重视对学生综合语言能力的培养。

为了配合英语课程改革，人民教育出版社、北京师范大学出版社、外语教学与研究出版社等单位纷纷出版了反映新课程理念的教材。

（六）最新的英语教学

2021年以来，教育一直作为一个热门话题不断受到社会各界的广泛讨论和关注。2022年4月，教育部印发了《义务教育课程方案和课程标准（2022年版）》，对16个课程标准加以规定，其中包括《义务教育英语课程标准》。

新修订的课程标准有以下三方面的不同：一是相较于之前的课程标准，新课程标准为教师提供了教学具体的程度，增添了教学活动中可能会出现的案例，为教师的具体教法提供了指导。二是优化了课程内容结构。基于核心素养要求，遴选重要观念、主题内容和基础知识技能，精选、设计课程内容，优化组织形式。涉及同一内容主题的不同学科间，根据各自的性质和育人价值，做好整体规划与分工协调。设立跨学科主题学习活动，加强学科间的相互关联，带动课程综合化实施，强化实践要求。三是研制了学业质量标准。依据核心素养发展水平，结合课程内容，整体刻画不同学段学生学业成就的具体表现，明确“学到什么程度”，引导和帮助教师把握教学深度与广度，为教材编写、教学实施、考试评价等提供依据。

新修订的《义务教育英语课程标准》与2011版课标进行对比，有以下变化：

一是分级标准改变。在2011版课标中，义务教育阶段英语分为5个等级。

① 《新中国成立后的八次基础教育课程改革》，https://www.docin.com/p-2282517926.html。

在2022版新课标中，义务教育阶段英语改为4个等级。值得注意的是，以前的课程标准，对小学一、二年级的学生英语能力是没有明确要求的，而在2022版新课标中，对低年龄的学生有了明确要求。同时，“一、二、三”出现了“+”级别，这个“+”为学有余力的学生提供了更多选择。

2022年4月发布的《教育部办公厅关于做好2022年中考命题工作的通知》一文中“试卷过易难以体现区分度”这一段话，意味着英语不再有明确的年级限制，国家鼓励学有余力的学生在扎实学好课本内容的基础上，做一定的提升，去满足“+”部分的能力需求。

二是词汇量要求增加。在2011版课标中，对于参加中考的学生，词汇量要求是1600个单词，200～300个短语，而在2022版新课标中，三级“+”的标准变成了1800个单词，并可以根据实际情况，接触并学习相关主题范围内的200个单词以及习惯用语和固定搭配。所以，2022版新课标要求2000个词汇量，比原来增加25%，并要求学生活学活用。

三是阅读理解能力要求提高。2011版课标对于阅读部分提了7点要求，而2022版新课标，对于阅读部分一共提了“13+3”点要求。同时，要求三至四年级课外阅读量达到1500～2000词，五至六年级课外阅读量达到4000～5000词，初中课外阅读量达到150000词。在2011版课标中，只要求学生能够“理解段落中句子之间的逻辑关系”，而在2022版新课标中变成了“理解语篇中显性或隐性逻辑关系”。同时，还要求“理解多模态语篇中非文字资源传达的意义”。这就是为什么高中课标会强调“听、说、读、看、写”五项能力并行。此外，2022版新课标甚至还要求学生分析作者观点，了解作者态度，了解整个语篇的结构，从而提高学生的整体逻辑水平。

很明显，2022版新课标对阅读要求的字数变多、难度变大，突出强调了学生对英文文章要有更深层的理解。预计中考英语阅读理解的难度会加大，这一模块将成为主要的扣分点。

四是模板化写作不再适用。在写作部分，2022版新课标对于义务阶段的学生的英语语言能力的综合应用能力要求相比以前，也有了明显的提高。比如要求“以书面语篇的形式，描述和介绍身边的任何事物，表达情感、态度和观点”，这些写作要求其实在以前是对标高中课标的。同时，还要求学生在口头和书面表达中，能够自我修正，用语得当。在“+”要求里，更要求“恰当质疑语篇当中的内容、观点，解释不合理之处”。这要求学生们具备“批判性思维”，而这在初中学段是很容易被忽略的。

2022版新课标的英语写作不再仅是要求模式化写作，而是一定要发表自己的观点，做到“言之有物，言之有理，言之有序”。

简而言之，新修订的《义务教育英语课程标准》的重大变化就是：对学生掌握英语水平的要求提高了，考试题目变得更加灵活，死记硬背的时代已经被淘汰，未来的英语教育将更加聚焦学科核心素养，学科核心素养时代全面来临。

二、初中英语教学的重要性表现

作为国民教育的重要组成部分，英语在我国学生的学习课程中占据着不可替代的位置，虽然在2022年新修订的义务教育课程方案中，英语学科的总课时比例在义务教育阶段下降了，但英语仍是三大主科之一。英语的重要性不断得到人们的认可，网络媒体的发展也为英语的发展拓宽了渠道，越来越多的人以网络为媒介，以英语为沟通和交流方式。无疑，这能对学生英语水平的提高带来显著帮助，也是学习英语的好途径，所以英语的使用变得更加便捷和广泛，越来越发展成为国民教育中除汉语外最重要的一门语言。

（一）英语的使用范围非常广泛

目前，国际上使用最广泛的语言就是英语，英语是世界上通用程度最高的语言。据统计，全世界使用英语的人数超过9.8亿[①]。110个国家将英语作为母语、官方语言或第二语言，其他任何一种语言在世界各国都没有得到如此广泛的使用。在各种国际活动上，人们也将英语作为相互交流、相互了解的语言手段，如在国际性的政治会议、贸易往来、经济合作、文化技术交流上多是通过英语来进行的，英语有着“世界通用语”之称，它的使用价值越来越高。

据统计，全世界大约有四分之三的电视节目采用英语；在往来邮件当中，也有同样比例的邮件是用英文书写的；包括我们现在使用的电脑键盘，也是以英文为基础；国际会议更是如此，完全采用英语作为交流方式，任何一个翻译都要懂得英语。外贸行业也把英语作为通用语言，外贸交往、国际礼仪、书信

①《世界上使用人数最多的三种语言》，https://new.qq.com/rain/a/20221028A0560L00。

函电、进出口文件，统统以英语作为标准通用语言。

英语的广泛性还体现在不同行业领域中，如医疗，很多医疗器械或药品都有英文的说明。如交通运输行业，我们在坐飞机、高铁、地铁、公交车的时候，常常会发现这些交通工具中都有英语提示语。可以说，在我们的生活当中，英语无处不在。

（二）国家发展和国际合作需要英语

虽然我们国家在改革开放以来发展迅速，取得了惊人的成绩，但是从客观意义上来讲，我们的很多科学技术还没有走在世界前沿。科技作为生产力，能够给我们国家的发展提供强大的动力。因此，我们必须掌握高新科技，闭门造车是不可取的。

在学习先进科技的过程中，交流是必不可少的，我们不可能看一看就知道，既要通过交流的方式了解科技背后的原理，也要通过交流的方式来达到合作的目的。如果不掌握英语，那就相当于没有了敲门砖，何来的交流合作呢？举个例子，如果我们的某个科技公司研制出了有突破性的前沿科技，但是没有人懂英语，就无法将其推广到国际市场上去，无疑，这将会带来不可估量的损失。

英语的使用已经渗透到我们生活的每个角落，身处于一个处处充斥着英文字母的时代，越来越多的人要接受和使用它。随着全球化趋势的不断发展，英语将不再单单作为一种语言，更是一种媒介、一座桥梁，连接着世界各地的人们，认识到英语的重要性可以让我们在英语学习过程中增加对这门语言的热爱。

首先，我国的全球领导力发展需要一批精通英语的领导人才参与国际事务。根据中央电视台2013年11月6日报道："截至今年6月30日，供职联合国秘书处非语言类（不是翻译）的中国籍专业人员是74名，低于联合国开列的认为是116到157人这样一个恰当幅度，被认为是任职人数偏低的国家，而且在其中担任高级管理职务的中国籍职员是11人，低于美国48人、法国18人、日本14人、英国19人、德国17人。"显然，这一现象在一定程度上说明，我国的全球领导力的快速发展对高层次外语人才有着更大的需求。

其次，我国的社会经济发展需要大批精通英语的专业人才，要求他们能够提供相关的英语服务，带动相关产业发展。特别是与国外企业交流互动较多的企业，既然要出口自己的智力成果或其他产业成果，就必须用语言的形式跟外界进行交流，这就要求职工掌握可以用来日常交际的英语。尤其在经济外包浪潮中，除劳动力成本之外，首要考虑因素便是外包承接国劳动力的学历与英语技能。我国的经济发展迄今仍在很大程度上实施以国际贸易促进国内发展的经济政策，我国也是主要的外包承接国，这使得我国目前的经济社会发展需要大量外语人才。

我国目前面临的纷繁复杂的国际军事与安全形势，我国“走出去”的文化战略，也需要大批精通外语的军事、安全、文化专业人才，英语学习非常重要，我们研究英语教学也很有必要。

当然，即使英语的学习变得越来越重要，但还是存在不少质疑和反对的声音。有人认为我们国家的英语教学就是一种对人力、物力的极大浪费，虽然英语学习是必要的，但并不一定每个人都需要学。也就是说，在全球化背景下，我国社会发展对于英语人才需求领域较为明确，但需求数量却尚待明确。笔者认为，在当前全球化时代下，掌握一门使用最广泛的语言是很有必要的。

（三）初中英语教学在整个英语教学过程中占据重要地位

对于英语教师而言，初中英语教学处于黄金时期，其意义非凡。初中英语教学区别与小学英语，同时也不同于大学时期的英语教学。总而言之，初中英语教学起到了承上启下、打通枢纽的作用。在某种意义上讲，学生能否打好英语基础直接取决于初中英语教师的教学水平，初中英语教学对学生的整个英语体系的建立起到关键性的作用。在小学英语教育阶段，由于小学生的心智不成熟，还没有建立一个清晰的思想体系，在语言的掌握和学习方面还存在一定的欠缺，小学英语教师需要付出更多的心血，全方位教导学生。但是初中学生相较于小学生，会拥有更加成熟的学习思维和方式，从而能够更好地掌握英语学习技巧。因此，初中英语教师要好好把握学生的特征，做到有的放矢。

（四）英语教学促进初中生全面发展，符合我国教育方针

我国的教育方针是：坚持教育为社会主义现代化建设服务、为人民服务，把立德、树人作为教育的根本任务，全面实施素质教育，培养德智体美全面发展的社会主义建设者和接班人，努力办好人民满意的教育。

从1952年开始，我国进入由新民主主义向社会主义过渡时期。与此相适应，我国教育也开始了由新民主主义教育向社会主义教育的过渡。

1954年2月，周恩来在政务会议上提出："我们向社会主义、共产主义前进，每个人要在德、智、体、美等方面均衡发展。"《1954年文化教育工作的方针和任务》中提出："中等教育和初等教育，应贯彻全面发展的教育方针……为培养社会主义社会的建设者而奋斗。"

对于初中生而言，正处于人生的黄金时期，也是学习习惯、思维养成的关键时期。英语作为一门实践性很强的语言学科，是初中生认识世界、了解世界的窗口。英语教学当中的"听"和"说"是通过中枢神经系统传递思想的交际过程，"听英语"是理解和接纳信息，"说英语"是表达和传递信息，"读英语"会为学生拓宽阅读的渠道，使其了解更多知识，"写英语"就是将自己的想法落于纸上，分享给更多的人。

提高学生综合素质，促进学生全面健康发展是新时代中小学教育工作中的主要组成部分。素质教育的全面推进要求初中英语教师以学生为本，结合英语的学科特性及教学纲要标准对学生各方面的状态进行全面掌握，提高学生的学习能力，促进学生全面健康发展。

第二节　初中英语课堂教学的现状

新时代背景下，初中的英语课堂教学面临着不少问题，如教师的教学方式单一乏味、知识结构单一，学生的英语口语表达能力不强、自主学习性差等。时代发展对传统的英语教学提出了全新的挑战，现阶段初中英语课堂教学存在很多问题。

一、初中英语课堂教学资源匮乏

教学资源是指能够为教学的有效开展提供帮助的事物，主要包括教材、课件、案例、影视、图片等，也包括教学的基础设施、教具等。从广义上来说，教学资源包含所有在教学活动中可以利用的有助于教学效果提升的一切要素，如能够服务于教学的人、物、财、信息等。狭义上而言，教学资源是指教学材料、环境及后援系统。

近年来，随着我国经济社会的快速发展，人们的观念在不断进步，社会各界对教育越来越重视，针对教育的投入也在不断增长，但是相较于师生不断增长的教学需求，仍然显得略有不足。在教育市场上，初中英语教师所需要的教学资源仍旧比较匮乏，市场上各种各样的教材辅导资料质量参差不齐，对初中师生有很大的误导性。教学资源对于英语课堂教学的有效开展有重大意义，符合初中生学习实际能力和客观情况的教学内容可以增强学生的学习兴趣，有效提升学生的英语能力。反之，不符合客观实际的教学资源会限制初中生英语水平，不利于英语课堂教学活动的开展。

二、教师数量不能满足学生需求

一直以来，我国的初中英语课堂教学都面临着大班教学的问题，英语作为一门语言学科，更多的是需要师生之间的交流与沟通，但是大班教学使得英语课堂教学存在一定的障碍。初中英语教师在人数众多的班级很难开展多种形式的教学活动，加上教师的精力是有限的，很难做到认真地关照每一位学生的英语学习，所以在很大程度上，多数学生不能够获得英语学习过程当中应有的交流与沟通的方式。如此一来，初中英语的教学效果便会大打折扣，对于学生而言，也很难建立起学习英语的兴趣。

三、师资力量薄弱

英语课堂教学过程中，教师作为知识的传授者，对学生英语水平的提升有着非常重要的作用。但是在当前，我国初中学校在英语课堂教学方面存在着师资力量不强的问题，很多初中英语教师的知识储备不够、英语课堂教学经验匮乏、教研能力不高。尤为突出的是，有很多英语教师的教学观念比较落后，没有随着时代的不断发展加以变革更新，忽略或者不知道教育中涌现出的比较新颖的教学理念和方法，在日常英语课堂教学中沿用自己的教学习惯，以机械式的教学方式为主，缺乏与学生之间的交流与互动，在整个教学过程中，学生都是处于“被动接受知识”的状态。对于这类教师而言，考试成绩是其最关注的一点，往往忽略了学生对于英语的实际掌握情况。

此外，部分英语教师对新事物的接受能力比较差，或者因为客观条件的限制，对多媒体等现代化的教学技术掌握不够，不善于利用网络平台的资源，教学内容仅仅局限于课本。这不仅不利于教师视野的开阔，也会影响学生对知识的掌握。

四、教师角色认知不明确

在以前的教学观念里，教师只要掌握好学科专业知识，并将其最大化地输出给学生，转化为学生的知识即可。但是随着时代的发展，教师在教学过程中发挥的作用更为人们所重视，尤其是新型教学产品的出现对教师提出了更高的要求，包括对现代化信息技术的了解和掌握，教师应当掌握更多的教学技能。除了会熟练地使用互联网，还应当会制作教学视频，能够通过网络媒体传授知识、监督学生的学习。此外，还要求教师具备更强的掌控课堂节奏的能力，比方在适当的时间安排学生组成小组进行学习讨论。

总之，在现如今愈加复杂的教学环境下，教师面临着非常严峻的挑战，很多初中英语教师对教学环境不熟悉、教学经验匮乏、教学任务繁重，故还存在着对自身角色认知不到位的现象。

五、学生自主性差

目前，经济社会的快速发展让每个人都充斥在信息化产物之下，尤其是在使用互联网技术的前提下，人的能力被无限放大。计算机的广泛使用给人们带来诸多便利，在教育方面，只要是有学习想法的人都可以通过网络去获取自己想要的知识，网络化、个性化将成为英语学习的主流趋势。基于计算机媒体的初中英语课堂教学，打破了传统的英语课堂教学在资源、距离、规模上的困局，将教学资源高效地整合到一起。

相较于传统的接收型学习，自主学习是一种较为现代化的新型学习方式。在自主学习中，学生作为学习的主体，经过认真分析、实践、总结等学习过程最终达到学习目标。最早可以追溯到20世纪60年代，语言学家将自主学习引入英语学习当中。20世纪80年代，语言学家霍尔克（Henri Holec）首先将自主学习的理论引入外语教学领域。此后，越来越多的专家开始研究语言学习的自主性。自主学习者可以决定学习内容、学习方法、学习进度等，也可以自由选择学习时间、地点和学习材料，根据自己的实际情况开展自我测试和监控。在自主学习中，关键要素是学习者的态度和能力。自主学习也是一种能力，可以通过训练的方式获得，具备了自主学习的能力，学习者就能够控制学习环境，选择自身学习方向。

自主学习能力由很多因素构成，如策略性知识、自我效能、主人翁意识等。高阶思维技能培养的重中之重就是自主学习能力的培养，当学生具备自主学习能力，便会有很多好处，最显著的是产生良好的学习效果。自主学习者获取知识的途径更加广泛，不再仅仅局限于教师的讲授，更多的是凭借自己发自内心的对于获取知识的渴望和热情。通过对自主学习的内部因素的研究，发现影响自主学习能力发展的因素有很多，包括自我效能感、归因、目标设置、认知策略、意志控制水平等。在语言教学活动中，如果学生对教师有很强的依赖性，会使得学习效果大打折扣，要避免出现这种情况，学生就必须对自己的学习行为负责，教师也要积极采取行动来激发学生的学习动机，让学生更进一步掌握学习方法，提高对自我的认知。在自主学习方面，我国的学者也有自己的见解。自主学习是相对于他主学习而言的，是指学生自发地开展学习行为。一般认为，自主学习分为三个步骤：一是提前计划和安排自己的学习活动；二是监测、评价、反馈自己的学习行为；三是调整、修正和控制学习活动。自主学习的特点是：反馈性、能动性、调节性、迁移性、有效性等。从自主学习的定义来看，自主学习具备三方面的特征：一是自主学习的本质是一种学习模式，是相较于他主学习而言的；二是自主学习受制于学习者态度、能力、学习方法等的影响；三是自主学习者往往掌握着对自己学习的目标、内容、方法等的控制权。

学生是英语课堂教学活动的直接接收者，是直接对象，因此，教学质量和成果在很大程度上取决于学生自身的因素。虽然在不断的改革过程中对学生的要求在逐步上升，要求注重培养学生的英语语言应用能力，发展学生自主性学习，充分利用以计算机媒介为主的教学工具，但在实践过程中，多数学生对于英语的学习并没有建立起正确的认识，比方说认为英语与其他必修课一样，毫无特色，在学习方法上也持有很大的盲目性，没有清晰的规划和目标。有的学生可能会制定学习目标，但是以功利化为目的，比方说只要能够正常通过考试即可，并没有想到自己要掌握一门语言技巧。很多学生在学习英语方面缺乏自主性，仅仅把课堂上教师的教授当作自己获取知识的唯一途径，殊不知，在我们生活的各个方面都能够接触到英语，都有英语学习的机会。

第三节　初中英语课堂教学的优化策略

作为一门语言学科，英语学习强调实践性，英语课堂教学不应该是照本宣科、“哑巴式”的教学，在初中英语课堂教学过程中，教师可以通过很多方法，提升自己的教学能力和水平。

一、转变教学观念和思想

教师要转变自己的教学模式，前提就是必须转变自己的教学理念和教学思想。同时，还须建立合适的角色定位，以此来为学生的学习带来帮助。要想找准合适的角色定位，教师就要结合自己丰富的专业知识和教学经验，充分地利用网络技术平台，协调多方面关系，监督和指导学生的学习成长，使学生建立符合自己真实情况的学习方法，切实提高自主获取知识的能力。以教师为主导的传统课堂教学不利于学生学习效率和知识构建能力的提高，合适的角色定位、以学生为中心的教学理念更受学生欢迎。毫无疑问，在初中英语课堂教学模式下，借助网络平台可以进一步提高英语知识教学效率，为与学生的互动和交流搭建了一个更为广阔和方便的平台，教师能够更多地参与到课堂管理、教学内容制作设计、作业布置和批改当中；学生也能够轻松学习，相互交流，在课堂参与中更加积极主动。

总而言之，网络平台为教师教学创造了更好的条件，教学不再拘泥于传统形式，受时间和空间限制。在现如今的条件下，初中英语教师应当承担这样的角色：一是网络知识的收集、整理、输出者。教师应当具备从网络中收集、整理相关知识的能力，并较好地教会学生。二是教学过程的协调者。教师要持续推进教学活动，解决过程中出现的问题。三是学习效果的测评者。教学活动完成以后，为检验教学目标是否实现，教师要及时对学生的学习效果进行测评，并做出反馈。四是网络操作方法、信息的研究者和学习者。教师要积极主动了解网络上获取英语知识的渠道、方法，能够指导、帮助自己的英语课堂教学。

比尔·盖茨曾说："我有个简单但又强烈的信念，人类未来的成败将取决于人整合、使用信息的能力。"毫无疑问，比尔·盖茨的话表明了信息的重要性，在信息化时代，可以说，谁最先掌握了信息，谁就最有发言权。要想有效整合、使用信息，就必须具备信息素养能力。信息素养包括文化素养、信息意识和信息技能三个层面，是指能够判断什么时候需要信息，并且懂得如何去获取信息，如何去评价和有效利用所需的信息。伴随着互联网时代的发展和进步，信息素养也是教师所具备的必要能力。在"互联网+"时代，教师必须以更加开放的理念和敏锐的学习素养，主动投身于新媒体技术下的教学变革，学习"互联网+"和教育相互融合的手段，比如翻转课堂、微课、慕课、思维可视化、3D打印、PS技术、可汗学院、学生空间等。这是新时代教师教学的必然趋势。

二、创新英语课堂教学方法

（一）用教师的"导"促进学生的"学"

在全新的教育理念下，强调教师和学生共同参与课堂教学，注重师生间的交流互动。师生之间和谐轻松的学习氛围，能够打造更为自由开放的课堂环境，有利于调动学生的主动性。初中英语教师在教学设计和安排上应当注重教法的新颖性和创新性，更好地为发挥和调动学生的主体性服务，使其成为学习的主角。

要做好为学生的服务，教师要认清当前教学的主要目标和重点，了解学生的相关学习情况，多种方法结合地去吸引学生参与到课堂教学当中，更大限度地去激发学生学习的积极性、主动性。站在学生的角度去思考：采用怎样的教学方式才能让学生最大效率地增长知识？教师要站在全局角度出发，一步步为学生量身打造成长平台，实现真正意义上从学生个性角度出发，发挥学生个人优势，发展其个人特长，让学生在自由、轻松的环境中获得成长。因此，教师要明确课堂上的主体是学生，一切教学行为都是围绕着学生展开的。

（二）创建自主、合作、探究的学习方式

英语教师应当注重采用一定的措施，营造浓厚的教学氛围，确保做到教学环节中每一个细节都经过深思熟虑。教学过程中教师可以通过设置信息悬念的方式，利用教学工具，借助其他教学平台，为学生设置一些能够开发其智力的思考题，循循善诱，培养学生积极主动探索知识的习惯和能力。教师还可以通过相应任务的设计，让学生进行交流探讨，或者开展辩论，这样既可以培养学生应用语言的能力，也可以培养学生的英语思维。教师在教学过程中让学生建立起学习的兴趣，能够积极主动与其他同学开展问题讨论，在相互交流互动的过程中，教师应该给学生打造一个浓厚的英语学习氛围，以进一步提升创新能力，发散思维。在教学过程中，教师要设计新颖别致的教学方法，争取在一开始就引起学生的共鸣。教师要积极引导学生在遇到问题时，先由自己独立思考，然后再进行集体交流，集思广益。也可以应用所学的内容，让学生自由发散，根据所学内容创造出符合自己情况的内容。比方在一篇英文课文学习后，可以总结出这篇文章的关键词（key words），让学生造句。如此一来学生之间会建立起更为灵活的思维方式，从而达到更好地应用语言的能力。

在这个过程中如何切实提高学生的实践创新能力呢？笔者认为教师应当从以下几个方面切入：

一是营造学习氛围，鼓励学生创新。在未来的人才市场上，创新能力是评判人才的重要标准之一，也是学校教学要达到的目的之一。学生能够自由地开展创新活动需要一定的前提条件，如创新的氛围、和谐友爱的环境、人身和心理的相对自由等。学生创新的载体可以是小组学习，因为人具有社会性，学生也一样，有和他人进行交流的需要。小组学习不但能够满足学生之间互相交流沟通的需要，还可以让学生进入轻松愉快的学习环境，无拘无束地发表自己的看法，互相探讨，取长补短，开阔思维。

二是提高实践能力，督促学生主动发展。在英语课堂教学活动中，教师要明白英语学习的主体是学生。教师要有意识地去突出学生的主体地位，努力提升学生掌握、应用英语的能力，尤其是在应用英语方面，英语作为语言的一种，会应用才是最重要的。在教学活动中，教师和学生并非类似于上下级的不平等的关系，而是能够像朋友一样相处，互相成长、互相进步。教师要为学生提供

良好的学习气氛，增强学生学习英语的自主性，改进授课模式，引导学生成为英语学习的主人。

三是关注每一位学生。素质教育是面向每一位学生的，为每一位学生提供平等的学习机会，促使学生都能够自由地发展。小组合作学习活动能够更高效地拉动课堂学习进度，使课堂教学变得更加轻松，学生的广泛参与，促使不同学习水平和层次的学生有了交流，得到其他学生的帮助，还可以避免部分学生产生被忽略的情绪。

（三）充分利用互联网等媒体平台作用

作为教育的推动力之一，信息技术的发展为英语课堂教学带来良好的契机。一方面，信息技术能够优化课堂教学，提升教学质量和效率；另一方面，能够大大开发学生的智力和想象力。特别是互联网等媒体平台的普及，给教学活动带来诸多便利。但是，不可否认的是，在英语课堂教学活动中，新媒体自身不会产生教学效益，教师要有慧眼识珠的能力，在众多媒体平台中选择符合教学内容的平台，让学生真正实现媒体信息利用最优化的目的，让媒体工具成为获取知识、消除疑惑、开拓视野的“第二课堂”。

我们必须看到：不仅可以在教师教学过程中借助媒体，还可以将其作为学生主动获取知识的途径。媒体是一种工具，不能完全替代教师和学生在教学过程中的作用，是一种“教学辅助”。如果受控于媒体，操作者完全没有自己的想法和认识，媒体也就失去了“教学辅助”的意义。现代教学媒体具备很多优势，如先进性、直观性、科学性等，这些优势为教学提供了很多便捷的帮助，解决了教学中存在的问题，真正起到助教、高效的作用。尤其是信息技术的出现，转变了从前教师的角色，教师不再是单纯的知识的传播者。信息技术的发展对提高学生对信息处理的敏感度，及时发现信息并从中提取有利于自己的内容，解决学习中存在的问题显得尤为重要。

（四）从提高学生口语表达能力和听力入手

现如今，人类社会正处于从工业化时代向数字化智能化时代转型的关键时期。作为初中英语教师，承担着培养学生掌握初级阶段英语以便将来能了解和掌握世界先进知识和科技的重任。教师应当认识到，在初中教学阶段，其教学任务是让学生打好扎实的英语基础，掌握最基本的英语应用能力，具体包括“听、说、读、写”。

在我国，有很多学生害怕说英语，还有一部分同学因为汉语习惯问题，会说一些“中国式”英语。作为教师，要把提高学生的英语口语表达能力作为一项重要任务。有条件的教师应当采用全英文的教学方式，在课堂上带头说英语，特别是那些常用的英语口语，时间长了，学生耳濡目染，自然而然也就学会了这些常见口语。需要注意的是，教师在说英语时一定要发音规范、字正腔圆，以免误导学生。

在提高学生英语听力方面，设计得当的英语听力任务是提高学生听力能力的重要手段之一。符合客观实际的听力任务常常被看作是涉及学习和策略的听力训练。经研究，听力任务可以带来很多好处：一是激发学生的学习热情，如让学生预测他们接下来将可能听到的内容，然后鼓励大家踊跃发言，互相交流探讨；二是可以为学生提供清楚的学习目标；三是可以锻炼和提高学生的听力水平。

要想在开展听力任务时取得优秀成绩，适合自己的听力方法是受试者必不可少的。一个聪明的学习者，往往会形成自己的听力方法并将其应用到听力任务当中。一般来说，听力任务有两种模式：泛听和精听。经研究，精听模式更受学生欢迎，教师可以多播放几遍听力内容，当第二遍或者第三遍播放录音时，学生不会再有刚开始的紧张感，可以更多地获取所听到的知识，也可以纠正第一遍听时产生的错误理解，从而慢慢提高听力能力。因此，教师要创造条件为学生提供更多的听力活动，进而提高学生的听力能力，只有通过实践多加练习，才能够让学生熟悉和掌握更多的听力策略，并加以应用。

（五）增加教学实践活动，提升学生写作能力

英语写作能力作为英语学习当中应当必备的一项技能理应受到重视。有很多学生在写作时常常没有思路，不知道怎样用英文去表达自己的观点和看法，英语教师应当利用情景教学法提升学生的写作水平。为了激发学生写作兴趣，提高学生写作能力，教师为学生设置一个固定的教学场景，在这个场景下，学生能够保持对英语写作的高度兴趣，自觉主动地开展写作练习。

英语教师在布置英文作文时，可以利用生活中常见的事物。初中英语写作

中，热点话题有理想、家庭、健康、网购、校规、环保、减压、传统文化等。教师应当选择某一个方面创设具体的情境，设置有吸引力的话题，让学生有话可说。以家庭为例，教师可以利用短视频的形式为学生展现各种形态的家庭，为学生提供特定情境，让学生以“我的家”（My Home）为题写一篇作文。写作完成后，教师要发挥其“火眼金睛”，发现学生写得好的句子，并挑出来给全班同学展示，进行分析。通过创设相关情境，可以帮助学生打开思路，提升学生的写作水平。

总之，应用创新的方法为学生传授英语知识，可以更大程度上激起学生的学习兴趣，为学生形成和培养好的学习方法、养成良好的学习习惯打下基础。所以，笔者在这里衷心地希望，在今后的初中英语课堂教学实践中，教师都能储备扎实的知识基础，在此之上用创新教学思维去开拓自己的教学方式方法，更好地为学生服务，最终取得优异的教学成果。

三、创新英语课堂教学思维，激活高效英语课堂教学

教学不仅是一门科学，更是一门艺术。初中生正处于青春期，精力旺盛，记忆力强，因此，具有很强的可塑性。

教师在课堂上，应当采用丰富多彩的课堂教学模式，提升学生的听说读写能力。初中教育处于教育的初级阶段，其目的是培养、提升学生综合应用语言的能力，教师要拓宽教学途径，采用趣味性、艺术性较强的教学风格，尽量少用或者不用单纯的语言知识传授方法，让学生对英语学习产生浓厚的兴趣，并培养和提升学生英语应用的能力。

（一）注重课堂导入，化抽象为具体

作为教学活动的开始环节，利用好课堂导入能让教学效果达到事半功倍的效果。好的课堂导入就像是一位作家，文章的第一句就精彩绝伦，吸引读者阅读下去。教师要想尽一切办法，利用手头的所有教学资源，将导入设计得巧妙合理，从一开始就能够吸引学生的注意力，使其全身心地投入英语课堂当中，充分思考。英语的导入方式有很多种，英语教师在课堂教学前要采用不同的导入方式，具体的导入方式可以根据自己的教学内容、学生的实际学习情况进行选择。在选择导入方式时应当遵循以下原则：简洁、有趣、切题、拓思。比方

在一次英语课堂上，英语教师采用了这样一种导入方式：教师在黑板上写下一个单词的前三个字母，让学生去猜想这个单词的完整拼写应该是什么样的，学生展开思考、互动交流，最后教师一个字母、一个字母地拼写出来，整个过程不仅吸引了学生的关注，也锻炼了学生的发散性思维，激发了学生的学习积极性。全班学生的学习热情一下子就调动起来了，他们全都兴趣盎然地投入接下来的学习过程中。

（二）充分利用TPR教学，让英语课堂充满活力

TPR（Total Physical Response）教学法，即“纯体验式语言学习法”，是美国著名实验心理学家詹姆斯博士（Dr. James J. Asher）于20世纪70年代提出的。通过模仿学习母语时大脑对外界声音与画面产生联想，实现记忆的自然身体反应，是一种更容易被学生接受和掌握的方法。英语课堂教学活动中不仅仅要依靠语言教学，还应当注重非语言的力量，教师若能够自然而然地利用自己的体态语言，不但能够提升教学质量和效果，而且能够创建和维护和谐稳定的师生关系。这里要提醒广大初中英语教师，在自己的课堂上，要适当地进行一些“非语言交流”，发挥肢体语言的重要作用，更好地实现教学效果最优化。

四、打造体验式教学

（一）明确教学目标，优化教学内容

在开始正式的课堂教学之前，教师应当仔细地分析每一章甚至每一节内容，将教学内容吃透，并根据教学内容制定教学目标，分析教学目标的可行性。要明确教学内容和教学目标的关系，确保达到教学目标，更好地将知识传授给学生。此外，教学内容不应该只局限于课本，还应当从课外寻找素材，以做补充和完善。

（二）设计教学情境，引导学生参与

在教学实践活动中，有一项工作必不可少，那就是教学情境的设计。教师应当结合自己的教学内容和目的，为学生精心营造一个好的教学情境。教学情境的设计，以教学目标为指导，以教学内容为参照物，以适合学生提升学习能

力为基本要求。一般来说，教学情境的设计可以分为两个部分的内容，即输出性教学情境设计和输入性教学情境设计。输出性教学设计是指开展情景模拟、角色扮演、演讲比赛及小组讨论等形式的教学活动。输入性教学设计是指制作或在课堂上播放与教学内容有关的图像资源、阅读资源或音频资源。

根据教学情境体验的实现方式的不同，可以分为以下三种类型：

一是利用互联网平台，如利用网络、多媒体平台开展英语体验。

二是通过在课堂开展丰富多彩的教学活动增强学生英语体验感，如开展英语辩论、演讲等。

三是在英语课堂上顺势开展英语学习体验，这种方法主要是指教师为学生打造浓厚的学习氛围，让学生全身心投入英语课堂当中，认识到英语学习的趣味性和重要性。

总的来说，不管是选择哪种教学情境或者体验方式，都应该遵照这几个原则：一是围绕着教学目的开展情境设置，这就要求教学的情境设计必须紧紧围绕教学目的。二是注重确保课堂内容和形式的趣味性，注重对学生学习的积极性和主动性的激发。三是尊重学生的课堂主体地位。教学情境的设计最终是为学生服务的，学生是体验教学情境的主体。四是注重语言运用环境的实际性。教学情境的设计要求学生能通过一系列设计好的情境完成独立思考的过程，通过对抽象概念的形象分析掌握知识点，然后在不断的情境学习中充实自己的知识并加以巩固。这一过程要求教师必须为学生提供一个良好的语言应用和沟通环境。五是注重学生反思能力和应变能力的锻炼。教师要一步一步地引导学生去反思自己在学习过程中存在的不足，提升学生的自我反思能力和应变能力。传统的初中英语课堂教学只会单向地向学生灌输知识，并不强调对学生独立思考能力和应变能力的训练。

（三）准备教学材料，实现知识建构

教学情境设计好以后，就要进入下一步骤，准备教学材料。在教学材料准备过程中应当注意以下事项：一是准备好语言材料，如词汇、语法知识、阅读内容等；二是准备好情境材料，如图像、音频、视频以及场景道具等。值得注意的是，教学教材一定要经过精心设计和准备，教材对于语言环境的创设起到基础性作用，是培养学生英语实际应用能力必备的内容。准备的教材资源要具

备较高的质量，确保对学生的适用性，能够更好地帮助他们构建起完整的知识体系。

（四）注重情境体验，塑造教学氛围

教学情境体验是体验式教学中非常重要的一个环节。在开展体验活动前，教师应该向学生详细介绍体验活动的基本情况，如过程、规则等，然后将准备好的教学材料呈现给学生，消除学生的疑惑，解答学生的问题，最后鼓励学生积极参与其中。

（五）注重总结归纳，提升教学效果

根据体验学习的流程，在情境体验完成后，教师要引导学生及时地对所开展的体验活动进行反思、总结归纳，了解英语在实际生活中应用的规律，从而达到英语掌握的目的。为了提高学生掌握英语的基本水平和能力，教师可以让学生开展小组讨论，通过同学之间意见的交换来提升自己，补充自己的观念。学生交流结束后教师要及时总结归纳，以供学生参考。

（六）实现科学评价，提高运用水平

在掌握语言基本应用能力后，教师应当要求学生开展语言应用实践活动，并对学生的表现加以评价。2022年版课标中提到，教学评价对促进学生核心素养的发展具有重要作用，其有助于学生不断体验英语学习的进步和成功，更加全面地认识自我，保持并提高英语学习的兴趣和自信心。及时、准确、全面的评价有助于学生提高所学语言的运用水平。学生实际应用语言的方式是多种多样的，如口头交流、造句、写作文等，这些实际应用语言的活动不仅能够巩固学生所学知识，还为下一次开展体验学习打下了坚实的基础。

第二章　教学理论和相关概念

第一节　教学理论

一、教学及其思想的产生和发展

（一）教学的含义及相关概念、功能

1. 教学的含义

教学是一种人类特有的人才培养活动，由教师的教和学生的学所组成。在教学活动中，教师通过制定相关教学目标，并组织实施一系列活动为学生传授知识、技能，最终实现教学目标，培养出符合社会需要的社会人。

2. 教学与相关概念的关系

（1）教学与教育的关系

教学和教育相互区别，又相互联系。总体而言，两者是部分与整体的关系。教学是教育的重要组成部分，是学校进行全面教育最主要的方法和中心工作。除教学外，学校的教育方式还有生产劳动、社会实践、课外活动，以及体育工作、德育工作和后勤工作等。

（2）教学与智育的关系

教育包含的范围很广，其中就包括智育。智育是指对受教育者进行文化科学知识和技能的培训，进而开发和提高受教育者的智力水平。智育可以利用教学这一渠道达成其目的。当然了，还有很多的方法可以用来提高受教育者的智

力水平。教育的目的除了智育还有很多，如劳动教育、德育、美育、体育等。

3. 教学的功能

（1）个体功能

教学具有个体功能，能塑造学生个性，促进学生全面发展。通过教学，学生的德、智、体、美、劳各方面得到发展。教学促进个人思想意识的社会化；促进个体行为的社会化；培养人的职业角色意识和技能；开发人的创造力，促进个体价值的实现；能培养学生的学习兴趣；促进学生了解和掌握英语学习的方法和策略。

（2）社会功能

教学具有社会功能，能促进社会的发展。教学是把个人和社会联系起来的重要纽带，是社会完成人类知识文化传递和传承的必要环节，是社会发展源源不竭的动力；教学能提升人口整体素质，提高民族素质，促进文化更新与发展创造力；教学通过生产科学技术，能进一步促进经济的发展；教学能提供使用语言、促进语言学习的环境和资源，能系统传授语言知识。

（二）教学思想的产生和发展

1. 古代教学思想精华

我国古代典章制度专著《礼记》完成于战国晚期。《学记》是其中的一篇，是世界上最早系统阐述教育教学思想的专著。该篇以言简意赅、生动形象的语句阐述了教育的作用及意义、教育与教学的关系、教师的地位和作用、教师与学生的关系及师生相处之道。

国外的教学思想主要有：古希腊苏格拉底曾提出“道德教育”“产婆术”理念；亚里士多德第一次提出“儿童年龄分期”理论，主张实施德、智、体共同发展的“和谐教育”；柏拉图以“理念世界”和培养军人和哲学家的目的为出发点，提出了更为完整的教学思想体系。古罗马昆体良认为教学应当结合受教育者的年龄特点因材施教，主张劳逸结合的教学方式，及时奖励学生，不主张体罚。

2. 近代教学思想精华

捷克著名教育家夸美纽斯被誉为“教育史上的哥白尼”，他的观点在教育学上产生了深远的影响：一是教育要适应自然，不能违背自然，人是自然的一部分，教育要遵循人的自然发展的原则；二是系统论述了班级授课制以及教学的原则、方法；三是要进行把广泛的自然知识传授给普通人的“泛智教育”，提出把一切事物教给一切人类的艺术。

瑞士教育家裴斯泰洛齐重视道德教育的作用，认为道德教育是教育体系中的关键问题，同时他还注重智育、体育和劳动教育。

德国教育家赫尔巴特强调教学过程中教师和书本的作用，主张教育的目的是个人品德和社会道德。

3. 当代教学新观念

当代社会正从工业社会向信息社会转型，当代教育正从专才教育向通识教育转变。从重心转移的角度看，当代教学观的变革主要体现为以下六大趋势：一是从重视认知向重视发展转变。当代教学强调研究学生身心发展的规律，研究学生在课堂情境中的学习规律，并遵循这些规律组织、安排教学。二是从重视教师向重视学生转变。随着社会的发展，以教师为中心的教育观念不再流行，取而代之的是学生的主体地位，当然，我们并不能否认教师的重要性，但学生才是教学活动的对象，当代教学强调研究学生的学习规律，以学生为中心开展教学活动。三是从重视继承向重视创新转变。当代教学，要求学生在掌握基本知识以后能够创造出新的内容，更加注重培养学生的创新能力。四是从重视教法向重视学法转变。相较于教师的教，学生的学才是当代教学的目的，教师的教只是途径，教学过程的本质是学生主动学习的过程。五是从重视结果向重视过程转变。当前教育中，虽然还是重视学习的结果，但更加重视学习的过程，强调教学过程中学生的认知体验、情感体验和道德体验等。六是从重视知识传授向重视能力培养转变。“授人以鱼不如授人以渔”，随着信息化时代的到来，掌握学习的方法比掌握知识更重要，当代教学强调对学生学习、掌握、更新知识的能力进行培养。

二、教学理论及其主要流派

（一）教学理论的一般概述

1. 一般概述

作为教育学的重要分支，教学理论具有多重身份，既是一门应用学科，也是一门理论学科。教学理论既是理论性的描述，也是方法论的指导，它既要研究教学现象、问题，发现教学的普遍规律，也要研究解决实际存在的问题的办法。

2. 教学理论与相关概念的关系

教学理论与学习理论的关系表现为：教学理论的研究重点在于“怎么教”；学习理论的研究重点是“学习的产生原理，以及学习的方法及结果等”。

对教学理论和课程理论的认识存在两种极端的观点：

（1）大教学小课程观。在这种观点里，教学被赋予了很高的地位，课程是属于其中的一小部分。我国有部分学者也赞同这种观点，认为课程就是教学内容的具体化，是属于教学的具体内容；课程也被分为三个部分，分别是教学计划、教学大纲和教科书。课程理论是对教学内容设计、编制和改革的概括。

（2）大课程小教学观。这种观念认为教学是隶属于课程的一部分，课程的部分要远远大于教学。这种观念广泛存在于北美国家的教学观念里，他们认为教学理论是课程理论的一部分，而教学只是课程的设计与实施。

在课程理论与教学理论的关系上，应当注意以下三点：一是教学与课程紧密相连；二是课程与教学在逻辑上都有各自研究的侧重点；三是教学是目的，课程是手段，两者也是内容与形式的关系。

3. 教学理论形成和发展的脉络

随着时代的进步和发展，人们逐渐认识到教学理论的重要性，也形成了相对完善、系统的教学理论，教学理论形成的最重要的标志就是系统化。教学理论的形成脉络如下：《学记》是最早论述教学理论的专著；在西方国家，拉特克和夸美纽斯最早使用“教学论”一词，夸美纽斯的《大教学论》标志着独立的系统化的教学理论或教育学的形成；1806年，赫尔巴特在《普通教育学》中提出教育性教学，以及著名的教育形式阶段理论，即明了、联想、系统和方法，教学理论的发展就是以对赫尔巴特理论体系的继承、批判和改造为线索。

（二）当代主要教学理论流派

1. 哲学取向的教学理论

苏格拉底和柏拉图的“知识即美德”的传统演绎出了哲学取向的教学理论。该理论认为，教学是形成和约束人道德的事物，知识的日积月累形成了道德。

为了实现道德目的，知识就成为教学的一切，演绎出一种以偏于知识授受为逻辑起点、从目的到手段全面展开的教学理论体系。其基本主张为以下四点：

（1）知识—道德本位的目的观；

（2）知识授受的教学过程；

（3）科目本位的教学内容；

（4）语言为主的教学方法。

2. 行为主义教学理论

行为主义教学理论源于20世纪初流行的行为主义心理学，主张该理论的是美国的华生和斯金纳，斯金纳还因为提出了程序教学理论受到广泛的关注。行为主义教学理论在内涵上可以分为几点：

（1）要制定详细的教学目标。教学目标是为了刺激学生做出特定反应，而且教学目标越具体、越精确越好。

（2）相倚组织的教学过程。这种教学过程对学习环境的设置、课程材料的设计和学生行为的管理做出了系统的安排。

（3）程序教学的方法。这种教学方法根据强化作用理论而来，包括“直线式”和“分支式”两种处理形式。

3. 认知心理学理论

认知心理学家批判行为主义是在研究“空洞的有机体”，在个体与环境的相互作用上，认为是个体作用于环境，而不是环境引起人的行为，环境只是提供潜在刺激，至于这些刺激是否受到注意或被加工，取决于学习者内部的心理结构。学习的基础是学习者内部心理结构的形成和改组，而不是刺激—反应联结的形成或行为习惯的加强或改变，教学就是促进学习者内部心理结构的形成或改组。其基本主张是以下四点：

（1）理智发展的教学目标；

（2）动机—结构—序列—强化原则；

（3）以学科知识结构为主要学习内容；

（4）发现教学方法。

4. 情感教学理论

情感教学理论是20世纪60年代在人本主义心理学基础上发展起来的一种教学理论，以美国心理学家罗杰斯的非指导性教学为代表。主要观点有：培养

“全人”的教学目标；促进学生学习的非指导性教学过程；促进个体行为、态度、个性以及在未来选择行动方式时发生重大变化的意义学习（非指导性学习）方法；发挥教师的促进作用，建立真诚、接受、理解的师生关系。

5. 建构主义理论

作为当代教学理论的一次革命，建构主义理论是认知结构学习理论逐渐发展而来的。建构主义认为，学习是在特定的社会文化环境下，以人们之间的交流协作而达到的意义构建的过程。在建构主义理论下，知识并非传授得来，而是建构。

（1）知识观。建构主义者一般强调，知识并不是对现实的准确表征，它只是一种解释、一种假设，并不是问题的最终答案。

（2）学习观。建构主义者认为，知识不是通过教师的传授获得的，而是学习者在一定的情境即社会文化背景下，借助其他人（包括教师和学习伙伴）的帮助，利用必要的学习资料，通过意义建构的方式获得的。

（3）课程观。建构主义者强调，用情节真实、复杂的故事呈现问题，营造解决问题的环境，以帮助学生在解决问题的过程中活化知识，变事实性知识为解决问题的工具。

（4）教学观。建构主义者强调，教学通过设计重大的任务或问题来引导学习和支撑学习的积极性，帮助学习者成为学习主体。

（5）学生观。建构主义者强调，学生并不是空着脑袋走进教室的。在日常生活中，在以往的学习中，他们已经形成了丰富的经验，往往会依靠他们的认知能力，形成对问题的某种解释。

（6）教学模式。建构主义教学理论有两种较为典型的教学模式，分别是支架式教学和抛锚式教学。其中，支架式教学，是指为学习者构建知识体系、提供概念框架的教学。具体过程为：进入情境—搭建支架，引导探索—学生独立探索—协作学习—效果评价。抛锚式教学，其主要目的是使学生在一个完整、真实的问题情境中产生学习的需要，并通过学习共同体中成员间的互动、交流，凭借自己的主动学习、养成学习，亲身体验完成从识别目标到提出和达到目标的全过程。

第二节　教学风格

一、教学风格的概念

我们经常听到教学风格这个词，那么什么是教学风格？

教学风格是教师在教学活动中形成的自有的特色，往往彰显着教师的个性特点、教育思想和教育技巧。教学风格的形成标志着一个教师在教学艺术上趋于成熟。

二、教学风格的特征

中小学教师通常不擅长“教学风格”的理论性研究。教学风格属于实践智慧，不同教师风格的“离散度”较大，相对难以清晰地描述。下面就从缄默性、独特性、发展性、专业性等视角谈谈教师们提炼的“教学风格”的一些特征。

（一）缄默性

教学风格嵌于教学实践活动之中，属于“可以意会，难以言传”的缄默知识。不过，对“教学风格”的描述难度不会比描述“民族性格”的特征更大。“清末怪杰”辜鸿铭先生精通英、法、德、拉丁、希腊等9种语言，获得过13个博士学位，他对“民族性格”特征的比较性描述，既高度概括又直观清晰。他认为，“美国人博大、纯朴，但不深沉；英国人深沉、纯朴，却不博大；德国人博大、深沉，而不纯朴；法国人没有德国人天然的深沉，不如美国人心胸博大和英国人心地纯朴，却拥有这三个民族所缺乏的灵敏；只有中国人全面具备这四种优秀的精神特质，因此，中国人给人留下的总体印象是‘温良’”。真是大道至简！

教师提炼自己的教学风格也应该是高度概括的，并尽量把个人的教学风格以“可视化”的形象展现在读者面前。原本“隐性”的教学风格，通过教师的精心打磨，在读者的眼前慢慢聚焦成可感知、可触摸的立体影像。

（二）独特性

一般来说，不同学科教师的教学风格不同。独特性是某个学科的教师普遍具备的教学方式或特色。没有深入到学科教学实践之中，不能称为真正意义上的教师个人的教学风格，因为教学风格的形成基础是在教学活动之上的。

不同教师的教学风格允许有重叠、交叉，不过，“风格”的核心要素应该是独特的个性和深邃的思想。从“理想化”的角度考量，优秀的教学风格应该是个人专有的，能彰显出个人的独特教学经验。

如某位体育教师的“有汗有笑，健体促德”教学风格，就是遵循教育规律和体育教学原则，设计中等强度、较高密度的教学促进学生出“汗”；优化教学组织与方法，促进学生好学、乐学，体现有“笑”的有效课堂。汗，体现一定的运动负荷，培养坚忍的意志品格，促进身体健康；笑，乐练运动技能，有效调节身心，促进心理健康。

有人认为，“严”和“慈”是教师必备的两种“情商”，应该辩证地融合在教师的教育理念里，体现在教育实践中。教师应扮演亦师亦友的角色，让孩子对教师“尊”而不“远”，“敬”而不“畏”。某位班主任的风格就是“因为爱，严慈相济”。“严”和“慈”是辩证、客观、智慧地共存互融，相互补益，以“爱”为前提，以“严”遏制消极，以“慈”化解矛盾，使师生关系形成爱而不溺、严而有格的面貌。

“从教学实践中来，到教学实践中去”的教学风格，才会独具魅力，给人以深刻感、独特感。

（三）发展性

教师的专业发展，不是一蹴而就的。教学风格更应该是动态生成、长期磨砺的结果，或者是连续的起伏变化，或者是“断层”式的跃迁提升。教师的成长经历不会必然地“生成”教学风格，但教学风格的凝练必然与教师的成长经历相联系。从教师的风格形成历程中我们可以感受到，教学风格既具稳定性，又具发展性；是稳中有变的，是变化中有坚守，是守候中有追寻。

（四）专业性

这里的专业性，并非指某个学科或专业对应某一种教学风格，而是指中小学教师不能停留于纯理论层面来解读自己的教学风格。因为“隐性”的教学风格，需要“外显”才能让学生感悟“庐山真面目”，需要用专业的学科教学内容或典型的教学片段来“佐证”自己的教学风格，也就是体现实践与理论相结合，在教学实践中“外显”理论性的教学风格。

第三节　学习风格

一、学习风格概述

学习风格是指学习者在学习过程中表现出来的较为持续或稳定的一种偏爱或倾向。在学术界，关于学习风格有很多形形色色的理论和假设。本书中主要以雷诺（Reynolds）等人提出的多维度的学习风格分类的概念模式为主。在该模式概念中，一个人独特的学习风格主要是由六个方面的特征构成的，即知觉偏好、物理环境需要、社会环境偏好、最佳时间、动机和价值观以及认知风格等。

（一）知觉偏好

知觉偏好指学习者对视觉、听觉和动觉的偏重程度。视觉型的学习者，对视觉刺激比较敏感，喜欢通过看书和记笔记来学习，而不适合听教师的讲授。听觉型的学习者则对听觉刺激敏感，喜欢通过听和说来学习，而不太关心具体字词的写法或句型结构，对语音、声响和音乐的接受力和理解力强。动觉型学习者喜欢接触、操作物体，喜欢通过动手操作、实验来学习。

（二）物理环境需要

物理环境需要指学习者对学习时的物理环境，如声、光线和温度等的偏好。

例如，有的学习者学习时需要绝对的安静，有的则喜欢在有背景音乐的环境中学习。

（三）社会环境偏好

社会环境偏好指学习者对学习时的社会环境的偏好。如有的人喜欢独自一人学习，单独工作时效率最高，与其他人在一起时则难以集中注意力；有的人则相反，喜欢和同伴一起学习，大家一起讨论、交流时学习效率最高。

（四）最佳时间

最佳时间指学习者学习时在时间节律方面的偏好，有些人早晨学习效果最好，有些人则属于“夜猫子型”，喜欢在晚上或深夜学习。

（五）动机和价值观

动机和价值观指学习者通过学习想要实现怎样的目标，对学习所持有的总体看法、态度等。如“为中华崛起而读书”就是学习动机的体现。

（六）认知风格

认知风格也称为认知方式，指个体偏爱的信息加工方式，表现为个体在感知、记忆、思维和问题解决等认知过程中所经常采用的、习惯化的方式。

认知风格是学习风格的主要内容。因此，下面重点阐述认知风格的有关内容。

二、认知风格的差异

认知风格是指个体偏爱的信息加工方式。了解学生在认知风格上的差异，对于教师根据学生特点进行因材施教有重要意义。下面介绍几种典型的、研究较多的认知风格类型。

（一）场依存型和场独立型

1. 场依存型和场独立型的含义

美国心理学家威特金（H. Witkin）首次提出场依存型（field dependence）

和场独立型（field independence）两个概念。他根据人利用自身身体内部的线索和外部的线索调整身体位置的能力的差异，把人的认知方式分为场依存型和场独立型两类。场独立型是指个体对外界事物的感知和判断往往不依赖他们的周围环境，场独立型人不易受到外部环境的影响，他们往往有自己内在的尺度和标准。场依存型的人在做出判断时往往借助外部参照物，他们往往倾向于从外部环境中寻找支撑自己做出行为的依据。场独立型人被叫作“内部定向者”，场依存型的人被叫作“外部定向者”。场依存型的人态度和自我知觉更易受周围的人们，尤其是权威人士的影响，如有的人对报考什么志愿或穿什么衣服，都需要征求别人的意见才能下决定。

2. 场依存型和场独立型与学习的关系

场依存型与场独立型的认知风格与学生的学习有着密切的联系，认知风格不同的学生在许多方面都表现出差异。

首先，认知风格与学生学科偏好息息相关，不同的认知风格会导致学生不同的学科偏好。普遍意义上讲，场依存型的学生更倾向于重视研究人文社科类学科，如语言学科。而场独立型学生更喜欢独立思考，更喜欢演绎、推理或者认知改组技能的学科领域，在自然科学方面投入更多的精力和时间，这类学生往往数学成绩较好。

其次，拥有不同认知风格的学生也有不同的学习动机。场依存型学生的学习动机多来源于外部刺激，他们在学习方面的投入程度更多受外部因素的影响，教师可以利用外部诱因激发这一类学生的学习热情。不同于场依存型学生，场独立型学生的学习动机来源于内部动机，他们能够依靠自我的监督和鞭策进行自觉学习。

再次，场依存型与场独立型的学生对教学也有不同的偏好。场独立型的学生易于给无结构的材料提供结构，他们比较容易适应结构不严密的教学方法。但是，场依存型的学生喜欢有严密结构的教学，因为他们需要教师提供外来的结构，更需要教师的明确指导。

最后，场依存型与场独立型还会影响学生的职业选择。如果其他条件相同，相对来讲，场独立型的学生倾向于选择人际关系较单纯而可独自完成的工作，如领航员、建筑师、工程师以及涉及数学和自然科学的职业；而场依存型的学生较喜欢从事与人的活动有关的工作，如教师、商业及社会服务等。

3. 场依存型和场独立型与教学的关系

威特金的研究表明，场独立型的教师趋向于指引的和以任务为定向的教学，他们讲课时，偏向于使用较正规的教学方式，注意教材的结构逻辑；而场依存型的教师趋向于不指引和以学生为定向的教学，喜欢采用讨论的方法，喜欢与学生相互合作，不喜欢使用讲究结构的方法。

不少研究考查了师生场定向类型匹配与否和教学的关系。萨拉乔（Saracho）发现，场独立型的教师对场依存型学生的主观评分比学生实际得分的等级高，而场依存型的教师对场独立型学生的评分比学生实际得分的等级要低。这表明，场独立型的教师比起场依存型的教师，对认知方式不同于他们的学生具有积极的期望。还有研究表明，当学生的场定向类型与教师的一致时，学习效果较好；在不匹配的情况下，场依存型的学生学习所受的不利影响比场独立型的学生大。

（二）沉思型与冲动型

1. 沉思型与冲动型的含义

沉思型和冲动型是卡根（J. Kagan）根据个体在信息加工、形成假设和解决问题过程中的准确性和效率的差异提出的。

沉思型的人往往在解决问题的过程中深思熟虑，花费更多的时间去思考、审视问题，全面细致地考虑到事情的每一个细节，做出多个解决问题的方案，然后从中挑选一个最优的方案。

冲动型的人在面对问题时往往能很快就提供答案，一般不会花费太多的时间进行思考，不会对问题做出透彻的分析，反应速度很快但是容易出现错误。

值得关注的是，并不是反应快的人都处于冲动型，如果一个学生思维很敏捷，或者对知识点很熟悉，那他可能面对提出的问题迅速给出自己的答案。

2. 沉思型和冲动型与学习的关系

经研究表明，相较于冲动型学生，沉思型学生在解决实际问题方面具备更多的优势。这是因为沉思型学生能抗拒诱惑，有较强的忍耐力，可以更好地约束自己的行为和动作，他们往往能从多个角度出发，全面地思考问题，想出更为成熟的解决问题的思路。沉思型学生对于自己处理问题所采取的方法拥有较强的逻辑思维，能解释背后的原理，而冲动型学生很难做到这一点，他们没有完整和全面的逻辑思维。

学生的学习成绩受到这两种类型的学习方式的影响。总的来说，冲动型学生在涉及多角度的学习任务时会有更加良好的表现，沉思型学生在其他方面表现得更为优异。

为了让冲动型学生规避存在的不足，心理学家为他们提供了一些练习方法。研究表明，让冲动型学生在思考时大声说出自己解决问题的过程，进行自我指导，当获得连续成功后，由大声自我指导变成轻声低语，而后变成默默自语，能有效改善冲动型学生冲动而又粗心的认知习惯，帮助他们有条不紊地、细心地进行学习和解决问题。

（三）整体型和系列型

1. 整体型和系列型的含义

英国心理学家戈登·帕斯克（Gordon Pask）通过对学习策略的研究，首次提出了整体型和系列型的概念。实验是让学生对一些想象出来的火星上的动物图片进行分类，学生完成分类任务后，报告自己分类的原则。帕斯克根据学生分类时使用的假设类型以及建立分类系统方式的差异，将学生的学习方式分为整体型和系列型。

整体型的学生不仅会将现有材料进行分类，还会搜集更多资料来帮助自己做出判断。他们往往喜欢做出复杂、大胆的假设，从整体上把握问题，并不会出现一个问题就解决一个问题，他们提出的观点内容较为复杂。

系列型的学生不会从整体上对材料进行把控，他们往往更倾向于阅读部分内容后提出自己的观点和看法，所提出的观点内容也比较单一，他们更喜欢一步步地去解决面对的问题。

2. 整体型和系列型与学习的关系

在思考解决问题的方式上，整体型和系列型的学生有着明显不同。系列型学生习惯于按照问题背后的逻辑，一步步地去解决实际存在的困难，直到学习快要完成时，才会产生对于所学知识的完整看法和见解。整体型学生的思路比较宽阔，对于学习当中出现的问题能形成一个完整系统的方案，能全面而系统地审视存在的问题，并系统性地加以解决。

实验表明，学生采取整体型或者系列型策略在很大程度上是受自己学习思维的影响，在面对不同情况时都有可能保持自己的思维方式。在实践教学过程中，教师要发挥自己的主观能动性，主动搜集适应学生学习风格的学习素材，这样能在真正意义上为学生的学习提供帮助。

（四）认知风格的整体—分析和言语—表象风格维度

赖丁（Riding）等研究了不同研究者所提出的30多种认知风格，通过系统的分析，将它们整合为两个主要的认知风格维度，即整体—分析和言语—表象风格维度。赖丁还开发了一套认知风格分析系统，通过简单的认知加工任务，测评个体在思维过程中习惯性的组织和表征信息的方式，用于评估个体在这两个维度的位置。

整体—分析风格维度指个体倾向于把信息组织成整体还是部分；言语—表象风格维度指个体在思维时是借助于言语还是心理表象来表征信息。根据这两个维度，赖丁把认知风格分为四种类型，并描述了这四种类型的特征：分析—言语型、分析—表象型、整体—言语型和整体—表象型。

第四节　教学目标

在教学活动中，起着导向标作用的一个重要环节就是教学目标的设计。教学目标往往发挥着关键作用，如在指导、评价教学活动等方面。教师是否制定出具体、操作性较强、规范的教学目标，关系到教学成败。因此，教师在制定教学目标时要综合考虑多种因素，通过精心设计教学目标，走好教学的关键一步。

教学是教育事业的具体化，通过教学可以实现对人的培养。在教学活动开始之前，教师应当好好考虑以下问题：通过对学生的培养，最终希望学生呈现出怎样的状态？是要求学生掌握知识，还是获得理解能力，抑或是掌握应用能力？事实上，教学活动是一种带着目的的活动，教师在设计、开展、评价教学活动中，明确教学目的是非常有必要的。

一、教学目标及其在教学过程中的作用

（一）教学目标

在教学活动中，教师希望学生能够通过自己的教学所呈现出一定的状态，这就是教学目标。教学目标的定义有两方面的内涵：一是教学目标重视学习结果而非学习过程。诚然，学习的过程是产生学习结果的必然要素，但在衡量教学目标是否实现方面，主要看的是学生的学习结果，这不但让教学意图明确化，更有利于评价教学效果，为教师和学生提供简单明了的参考依据。二是强调注重学生的学习结果而非教师的教学结果。在现实教学中，有的教师将教学目标设定为教师只要完成一定的行为就可以了，比如某位教师制定的教学目标是"向学生讲解定语从句的用法"，这个教学目标并没有确定通过教师的讲解，学生是否能真正掌握定语从句的用法。因此，教学目标要以学生达到的效果为主。

（二）教学目标的作用

应用好教学目标，可以为教学提供实践指导，也能提供教学评价依据。具体而言，教学目标的作用表现在三个方面：

1. 指导教师的教学方向

教学目标阐述了通过教学所要达到的一种状态，对学生掌握知识、技巧、方法、能力等做了详细要求，这让教师对教学内容、手段等有了更加清晰的认识，为教师的教学指定了更加明确的方向。

2. 评价教师的教学结果

在教学评价时，并非盲目的，没有根据、没有理由，而是要做到有理有据，教学目标恰好就能当作教学评价的标尺。如果教学目标得以实现，说明教学效果良好；如果教学目标没有实现，说明教学效果不好，还有待提升。

3. 引导学生开展学习活动

学生了解了教学目标，可以明确自己学习的方向和重点，也就可以及时调整自己的学习行为，做到有的放矢。

二、教学目标的分类系统

（一）布卢姆（Bloom）的教学目标分类说

布卢姆及其领导的研究小组早在1948年就开始了教学目标分类的研究，他们采用行为分析的方法，从教学后学生在行为上将产生改变的角度，把教学目标分为认知、情感和动作技能三大领域，每一领域的目标又分为不同的层次：

1. 认知领域的教学目标

（1）知识。指在教学之后学生凭记忆能够记得的一些事实性知识，包括对术语、具体事实、概念与原理及方法与程序的记忆。例如：能辨认单词的词性。

（2）理解。指学生能够懂得学习材料的含义。包括三个层次：一是能够用不同的方式表达同一思想；二是能够对事物的变化进行说明；三是能够对事物间的关系进行推理。

（3）应用。能将学到的知识应用到新情境中。

（4）分析。是指学生在完成任务时，能够把任务分成几个部分，从而搞清楚各部分之间的关系及其组织结构。分析包括三个层次：一是要素的分析，如文章中提出了几个概念；二是关系的分析，如概念间的关系是因果性的还是相关性的；三是组织原理的分析，如文章在语义和语法方面是如何组织的。

（5）综合。指学生集合部分组成整体的能力，主要包括创造新产品、提出新见解的能力。例如：能写出一篇好论文。

（6）评价。是最高水平的认知学习结果，指学生运用一定的标准对材料进行价值判断的能力。

2. 情感领域的教学目标

情感目标指经过教学以后，学生在情感方面应产生的变化。情感目标的表达相对来说要困难许多，一方面，情感目标的分类标准难以把握，另一方面，学校对情感目标的重视程度远远不如认知目标。正因为如此，由克拉斯沃尔（Krathwohl）等人撰写的《教育目标分类学》第二分册《情感领域的目标》于1965年才问世，比布卢姆的《教育目标分类学》第一分册《认知领域的目标》整整晚了8年。情感目标虽然常常受到忽视，但却是相当重要的，因为通过学生当前的情感状态往往可以预测其将来的行为。例如，一个学生如果对某一学科不感兴趣的话，我们可以想象他以后很可能不去选择从事与这一学科有关的职业；一个对学校缺乏归属感的学生比喜欢学校的学生更有可能辍学。

按照内化的程度（通过外在的学习转化为个人内在的兴趣、态度、价值等），可将情感目标分为五个水平：

（1）接受。主要与学生的注意活动有关，指学生自愿关注特定的现象或刺激，如课堂活动、教科书等。学习的结果从简单地意识到事物或情境的存在到有意识地选择注意的对象。

（2）反应。指学生主动参与学习活动并做出反应。学习的结果分为默认、自愿和满足三个不同的层次。默认反应指学生能够按照指令从事学习活动，如完成规定的作业，这种反应并非完全出于学生的自愿活动，更多的只是服从教师的要求。自愿反应指在没有外在力量的作用下，学生自愿从事学习活动，如阅读教师或家长规定之外的书籍。满足反应是指学生在活动中获得了愉快的感受，如学生为了满足自己的兴趣爱好而从事活动。

（3）形成价值观念。指学生将特定的对象、现象或行为与一定的价值标准联系起来，形成对事物的态度与看法。学习的结果包括从简单接受某种价值标准到积极从事有这种价值的活动，进而将价值内化成为指导自己活动的长期信念。

（4）组织。指学生能够将多种不同的，甚至彼此矛盾的价值观协调统一起来，形成内在一致的价值系统。

（5）价值体系性格化。指学生内化了所学的价值观并按照这套价值观去行动，以至于成为其生活方式以及个人性格的一部分。

3. 动作技能领域的教学目标

动作技能目标指经过教学后，学生在动作技能方面产生的变化。动作技能并不限于体育方面的运动技能，它涵盖了一切与技能有关的行为，如书写技能、绘画技能、演奏技能等。动作技能领域的教学目标分类出现最晚，且分类方法不止一种。辛普森（Simpson）在《教育目标分类：技能领域》中将动作技能目标分为七类：

（1）知觉。指个体能运用感官辨别刺激的性质，区分不同的刺激线索并做出适当的动作反应。

（2）定向（定势）。指在学习某种动作技能之前，在心理和身体方面做好了准备。

（3）有指导的反应。指在示范者的指导下进行反应，包括模仿和尝试错误。

（4）机械反应。指动作技能非常熟练，像机械一样达到自动化程度，不需要特别加以注意。

（5）复杂反应。指对复杂动作技能模式的掌握已经达到非常熟练的地步。

（6）技能调适。当个体的动作技能高度发展时，可以根据情境或问题的需要灵活地运用自己的技能，如进行适当的修正或进行不同动作的组合等。

（7）创新。这是动作技能发展的最高境界，个体不仅可以熟练地运用动作技能去解决问题，还可以创造出新的动作技能以解决新的问题。

（二）加涅（Gagne）的目标分类说

美国著名教育心理学家加涅认为应该根据学习的结果来制定教育的目标。他一生致力于学习结果的研究，从人类习得的性能中区分出言语信息、智慧技能、认知策略、动作技能和态度等五种学习结果。加涅不仅对每种学习结果进行了详细说明，更重要的是，他提出了要达到这些教学目标的内部和外部条件，对教师如何进行教学设计有具体而实用的指导。

1. 言语信息

言语信息也称言语知识，是指用语言或文字表述的信息。虽然人们也可以从网络、电视、图书等其他途径获得大量的言语信息，但正规的学校教育为我们提供了确定性程度很高的信息，这样的言语信息才有利于交流以及继续学习。例如，人们必须知道文字、数字、客体的名称等大量事实才能相互交流，学习了特定信息才能继续学习某一学科。

2. 智慧技能

智慧技能是个体应用符号或概念与他们的环境相互作用的技能。简单的智慧技能，如知道如何读写计算，复杂的则涉及科学、工程和其他学科的高级技术性技能。它是知道“如何完成”某种智慧行为的知识，因此属于程序性知识。比如，能够判断这是一首奏鸣曲就是智慧技能。加涅将智慧技能按照互相依赖的程度分为高低不同的五个层级：

（1）辨别

辨别是对在一个或更多的物理维度上互不相同的刺激做出不同反应的能力。

简单的例子就是指出两个刺激的相同和不同。辨别显然是一种非常基本的智慧技能，通常这种技能在年幼时就已获得。但是对于专门领域的一些辨别技能，即使是成人也可能需要特殊训练，比如制作小提琴的工匠，他们必须通过训练才能掌握辨别不同木质的声音有何不同，哪种木质适合用来制作小提琴的哪个部位等技能。由于辨别是一切复杂学习的基础，因此辨别学习是非常重要的。

辨别学习的内部条件是学习者能够通过感官觉察到刺激，辨别出刺激之间相同或不同的特征并做出差异性反应。辨别学习的外部条件符合最基本的学习原理：首先，按照接近的原则，在刺激呈现后要立即做出反应；其次，对于正确的反应要及时强化；最后，重复练习也很重要，一方面，重复可以巩固学习效果，避免遗忘，另一方面，对于较为复杂的多重辨别学习，可能需要多次尝试才能建立稳定的反应模式。

（2）具体概念

概念是对具有共同属性事物的概括性认识。当个体能够通过指认的方式对客体的特征（如形状）或属性（如颜色）进行识别时，我们就说他掌握了相应的具体概念。具体概念与辨别的差异在于，辨别是“对差异做出反应”，具体概念是通过称呼其名称或其他的方法来识别出事物。如有很多图形，你能够区分出这些图形是不同的，这是辨别；但是你能说出这个图形是三角形，那个图形是长方形，这是具体概念。由此也可以看出，具体概念是比辨别更高级更复杂的智慧技能。

具体概念学习的内部条件是个体的辨别能力。在对事物进行归类之前，学习者必须能够对事物进行区分。具体概念学习的外部条件是提供一系列概念的正例和反例，要求学生进行鉴别，如果学生能够正确鉴别，就表明他已经掌握了概念。在提供概念例子时，要尽可能地使这些例子在无关特性上不同，如呈现“木制”这个概念，可以用许多大小、颜色、形状不同的物体，同时也要呈现诸如金属、塑料制品等反例，让学生通过选择正例、拒绝反例来获得正确的概念。

（3）定义性概念

定义性概念是指不能通过指认的方式来获得而只能通过语言来界定的抽象概念，如平等、自由、快乐、痛苦等。定义性概念学习的内部条件是学生能够理解定义中的各个子概念以及代表它们之间关系的概念；外部条件是向学生呈现概念的定义并提供相应的正反实例，帮助学生理解并区分相近的概念。

（4）规则

规则是将数个概念合在一起表达一个完整的意义。有了规则，人的行为才会表现出规律性。例如，“红灯停，绿灯行”是一条交通规则，这条规则包含了颜色、灯、停和行几个概念，有了这条规则，行人和司机在行走和驾驶时就有了规律，交通才会安全畅通。

规则学习在本质上与定义性概念的学习是一致的，定义性概念属于分类规则，是规则的一种，因此，规则学习的内部条件也是要求学习者必须先搞清楚规则中所包含的各个概念的意义。而外部条件重在教师的言语指导，通过言语交流提示学生回忆要学的规则中的子概念，并按照恰当的顺序组织有关概念，尽量避免一开始就用言语命题的方式直接陈述规则。

（5）高级规则——问题解决

问题解决是指运用各种已经习得的规则来解决问题的心理过程。问题解决往往不是规则的简单应用，它常常是许多规则的综合运用，是非常复杂的。例如，要计算一个图形的面积，首先要判断是什么图形，然后要从记忆中提取出计算面积的公式以及加减乘除的运算法则等，这些规则都掌握了，才能正确解决这个问题。因此，通过问题解决学习的规则被称为“高级规则”。

问题解决学习的内部条件是学生已经掌握了解决问题所需要的各项规则；外部条件是教师要根据学生对问题的理解程度做出适当的解释说明，帮助他们将已有的知识与问题有机地联系起来。

3. 认知策略

认知策略是指个体自主控制和调节注意、记忆和思维等内部心理过程以获得新知识的一切方法。认知策略与其他的智慧技能的区别在于它们所指向的对象不同。智慧技能涉及的是概念和规则，指向的是客体和事件，如句子、图表或数学方程等；而认知策略是以学习者自己的认知过程为对象。认知策略的使用对信息加工过程的质量有重要作用，如使用复述策略，可以帮助信息从短时记忆向长时记忆转化。

掌握了认知策略，个体就可以更好地自主学习，因此教会学生认知策略比知识传授更为重要。认知策略学习的内部条件是学习者需要掌握必要的先前知识和智慧技能；外部条件是创设有利的学习条件，为学生使用和发展认知策略提供机会。

4. 动作技能

指通过学习掌握某种操作技能。

5. 态度

对人或事的选择倾向，这是通过学习获得的内部状态，这种状态影响个人对某种事物、人物及事件所采取的行动。关于态度的学习结果，加涅认为主要可分为三类：儿童对家庭和其他社会关系的认识；对某种活动表现出来的积极的喜爱的情感，如音乐、阅读、体育锻炼等；有关个人品德的某些方面，如爱国家，关切社会需要和社会目标，尽公民义务的愿望。

第五节　教学策略

一、教学策略的含义

国内外学者对教学策略的认识既有共同点也有不同点。共同点表现为：教学策略都是服务于教学目标的，指的是在特定的教学情境下，为实现教学目标而开展的方法的选择、知识的传授、师生行为的规范等。在教学观念、教学方法、模式等方面国内外学者还存在一些分歧。

教师之所以了解和学习教学策略，是因为教学策略可以为教学带来帮助，以达成教学目的。教师可以用教学策略对教学活动进行及时的调节和控制。教学策略在内涵上可以分为多个部分：一是教学策略区别于教学方法和教学设计，很多人往往将这三者混为一谈，教学策略是教师在教学过程中调节和控制教学活动的措施；二是教学策略包含教学活动的元认知过程、教学活动的调控过程和教学方法的执行过程；三是要想利用好教学策略，教师就必须从教学过程的全局出发，结合教学目标、教学内容、现有资源和学生实际情况，灵活地使用一种合适的教学策略；四是教学策略是一个动态变化的过程，有较强的灵活性。

二、教学策略与相关概念辨析

（一）教学策略与教学设计辨析

教学策略与教学设计既相互联系，又相互区别。

1. 联系

教学设计是对整个教学活动的规划和安排，是在正式开展教学活动前的策划准备工作，主要通过教学活动方案体现出来。教学策略表现得更为具体，主要是在教学准备阶段进行具体设计策划后形成一个切实的方案。从某种意义而言，教学设计包含教学策略。教学设计与教学策略在内容和形式上有交叉和重叠的部分，在进行其中的某一项时也要考虑到另一项。

2. 区别

教学策略和教学设计的侧重点不同。从范围上来说，教学设计的范围要大于教学策略，教学设计既可以是安排某一节课，也可以是对某个科目内容整体进行安排；教学策略主要应用于某一节课堂或者某一特定的教学内容。

（二）教学策略与教学思想辨析

1. 联系

教学策略的选择受到教师教学思想的影响，并非随意或者盲目的。

2. 区别

教学思想属于思想层面的东西，属于意识形态；教学策略虽然包含理论知识，但归根结底还是属于操作层面的东西，是教学思想的具体体现。即使是在相同的教学思想的指导下，拥有不同背景和条件的教师也会衍生出不同的教学策略。即使是相同的教学策略，也有可能是在不同的教学思想下产生的。

（三）教学策略与教学模式辨析

1. 联系

教学策略与教学模式都能够指导教学，都具有可操作性，教学策略属于教学模式的一部分。将教学理论转化为教学实践，中间要经过教学理论、教学模式、教学策略、教学方法、教学实践之间的转化，因此，教学策略是教学模式的一个步骤。

2. 区别

教学模式具有概括性、理论性、简约性和相对稳定性，是能用于组成课程和课业、提示教师教学的一种计划或模式，教学模式指导教学策略和教学方法，属于高层次的内容。而教学策略比教学模式更为具体和详细，受到教学模式的指导。从出现的时间先后来看，教学模式先于教学策略出现。

（四）教学策略与教学方法辨析

1. 联系

教学策略指导和支配教学方法，教学方法是教学活动中开展的具体的方式、手段和途径，是教学策略的具体化，教学活动中具体要采用何种教学方法，取决于教学策略的采用。

2. 区别

教学方法比教学策略更为具体、更具有可操作性，教学方法在层次上低于教学策略，教学策略的外延也比教学方法更为广阔。

三、教学策略的特征

（一）目的性

教学策略的最终目的是服务于教学，解决教学中存在的困难和问题，实现特定的教学目标。

（二）可操作性

不管采用何种教学策略，都有与之相对应的实施方法和步骤，教学策略必须是能够被教师所借鉴的，要求教学策略具有可操作性。

（三）整体综合性

教学策略具有整体性，包括教学活动的元认知过程、教学活动的调控过程和教学方法的执行过程，这三者相互关联，不可分割，组成了教学策略整体。

（四）调控性

由于教学活动元认知过程的参与，教育策略具有可调控的特性。

（五）灵活性

没有任何一种教学策略是完美的，能够解决教学活动中出现的所有问题，在教学活动中，可以灵活应用教学策略。

（六）层次性

因为教学活动是多层次的，所以为教学活动服务的教学策略也是多层次的。

四、教学策略的制定、选择与运用

在制定教学策略时，应当从多个维度出发。教师制定和选择教学策略的依据有：教学的具体目标与任务；教学内容的特点；学生的实际情况；教师本身的素养；教学时间和效率的要求等。

在应用教学策略时，教师应当考虑到这几个方面：树立正确的教学指导思想；树立整体的观点；坚持以学生的主动自主学习为主；寻求教学策略的多样化配合和变通运用等。

五、不同类型知识的教学策略

（一）陈述性知识的教学策略

陈述性知识是指人类能够有意识地回忆和陈述的知识，包括符号、事实和有组织的命题知识，主要用来说明事物的性质、特征和状态，用于区别和辨别事物。学生对这些知识的掌握往往不够，遗忘速度和遗忘率较高。在这类知识教学中，可以采用以下策略：

1. 复述策略

复述策略指的是为了记住知识而对知识不断重复表述的方法。常见的复述策略有：随意识记和有意识记；排除相互干扰；整体识记和分段识记；多种感官参与；复习形式多样化；画线。

2. 精加工策略

精加工策略是指利用以前学过的知识，或借助生动形象的事物、例子，对现学内容进行补充加工，以期达到更好的记忆效果的方法。在教学过程中，教师可以采用类比、转述、解释、自问自答等方式让学生对新学到的知识进行加工，提升记忆印象。

3. 组织策略

组织策略是指将现学的知识和从前学的知识连贯起来，通过对比，找到内在逻辑关联，形成整体的知识思维。组织策略与精加工策略之间有密切联系。常见的组织策略有：提纲、表格对比等。

（二）程序性知识的教学策略

程序性知识的教学，有如下几个阶段：

第一，通过教学使学生掌握程序性知识的陈述性形式；

第二，陈述性知识向程序性知识转化；

第三，提供适当的变式练习，使学生在规则适用的条件下表现出相应的行为，将静态的知识转化为动态的技能。

（三）策略性知识的教学策略

针对策略性知识，教师可以采取的教学策略有以下几种：一是要注重教学的“质”，而非“量”，不必一次性教给学生很多知识，但要确保教的东西学生能够掌握；二是引导学生使用有效的自我反思和监控；三是应当把策略性的教学与陈述性的教学相结合，突出策略教学的成功之处；四是教师要坚持教学的持久性，不能“三天打鱼，两天晒网”；五是创设具体的教学情境；六是激发学生内在的学习动机。

六、几种主要的课堂教学策略及其运用

（一）讲授策略

讲授是指教师通过口头语言表达的方式向学生传达、教授知识，并让学生理解和掌握知识的一种方式。这种教学策略的优点在于：可以充分发挥教师的

课堂主导作用。不足之处是：具有单向性，学生处于被动地位，其主体地位得不到体现和发挥，学生的独立性和创新精神得不到培养；课堂形式单一，气氛乏味单调、沉闷；学生得不到充分发展。

讲授的功能在于说明是什么或怎样做、解释原因。讲授的表现形式可分为：从讲授所用时间和简繁程度看，主要有正式讲授和非正式讲授两种；从讲授内容的性质差异看，主要有诠释性讲授、描述性讲授和说明原因性讲授三种；从讲授的方式看，主要有讲述、讲解、讲读、讲演四种。

运用讲授策略时应当注意两点：一是注意讲述的外在形式，如语义准确、用词恰当、语速适中等；二是注重讲述内容的前后逻辑关联性，教师在讲到深刻、晦涩的内容时，可以引用其他教学内容辅助自己教学，以达到更好的教学效果。

在应用讲授策略时，教师应当避免的误区有：在有限的时间内给学生传授过量的新知识；一味地讲课，不管学生是否掌握知识点；授课内容混乱，没有关联和逻辑性；没有激发学生学习的积极性和学习的兴趣；授课脱离实际，天马行空，不符合学生客观实际。

（二）对话策略

对话是指在教学活动中通过师生互动交流的过程，让学生掌握知识和技能，培养和提升学生学习能力的一种方式。这种教学策略主要有以下特点和作用：一是能够激发学生的主动性，让学生都参与到教学活动中；二是能够营造活跃的课堂氛围，增进师生之间的感情；三是有利于学生学习能力的养成和提升；四是师生之间能够互相了解，有利于学生掌握知识，教师了解教学效果。

作为师生间互动的主要形式，对话策略有两种基本形式：讨论和问答，前者是发生于学生之间的互动，后者是发生于教师与学生之间的互动。

讨论策略最常见的应用方式是小组讨论，将学生分为若干个小组，小组成员之间开展互动交流，对于某一现象或者观点展开讨论、评价。经研究，讨论一般以5～8人最为理想。

问答策略又叫提问策略，一般由以下几个环节组成：发问、候答、叫答、理答。教师在课堂上使用问答策略应当做好以下几个方面：一是确保提问清晰，保证所提出问题的合理性和科学性，合理安排问题的结构和次序。二是问题提出后，给予学生充分的思考时间，根据提出问题的内容和难易程度，等待3～5秒的时间，让学生思考问题、组织答案。三是平等地对待每一位学生，每位学生都有相同的概率被叫起来回答问题。四是及时对学生的回答给予回应，回答正确的，要加以肯定和鼓励，回答错误的，教师应当纠正，让学生回归到正确的方向上来。

（三）指导策略

在中小学教学过程中，常见的指导有练习指导、阅读指导和活动指导。练习指导主要应用于学生在进行课堂练习时，阅读指导应用于学生在开展教学材料的阅读过程中，活动指导应用于学生开展实践活动之时。这里仅就活动指导展开论述：

1. 活动指导

所谓活动指导指的是学生在参加或操作具体的实践活动时，由教师加以组织、引导和促进活动进程的一种方式。活动指导主要有两点作用：一是对学生的自主学习行为加以指导，主要通过设计并组织实施活动方案的方式加以实现；二是教师为其学习活动的开展提供必要的帮助，如物质、信息帮助等。

2. 活动指导策略的表现形式

（1）按照学生学习的类型，活动指导可分为：解决问题学习指导、探索学习指导和体验学习指导；

（2）按照组织形式，活动指导可分为：个别活动指导、小组活动指导和班级活动指导；

（3）按照教师对学生指导的作用形式，活动指导可分为显著性的直接指导和隐性的间接指导两种表现形式。

3. 活动指导的策略运用

在开展自主活动后，教师要尊重学生的主体地位，把主动权交给学生，通过指导学生促进学生积极学习。首先，教师要确定活动主题、制定学生活动目标以及选择活动的方法和组织形式；其次，教师要掌握学生活动的条件要求，学生活动的基本条件中包括活动本身必需的物质材料等，也隐含了教师的间接指导；最后，教师根据活动特征和预期结果来选择成果交流的组织形式，如辩论会、报告会、展览会等，同时，教师还要让学生自由地展示自己的成果，不能干预和插手，以发挥学生的主观能动性。

4. 活动指导的目的

引用自主活动时教师要让学生了解活动主题、目标和内容，鼓励学生积极参与到活动当中。

第六节 教学方法

教学方法主要包括教师教的方法和学生学的方法，其出发点是完成教学目标。掌握好的教学方法，能够引导学生掌握知识，开发智力，获得更好的成长。

一、选择与运用教学方法的基本依据

要想高效利用教学方法，达到教学目标，教师就必须依照科学的理论，考虑各方面因素，如教学内容、教学目标、学生特性等，了解各种教学方法的特点，根据实际情况选用适合的教学方法。

（一）考虑教学的任务和目标

由于教学主体的不同，教学的任务和目标也大不相同，要完成教学目标，就要借助教学方法的手段，利用不同的教学方法，服务于教学任务和目标。教师必须注意到这一点，认真考虑和确定自己的教学任务和目标。

（二）结合教学内容的特征和性质

通过教学内容，能够实现教学任务和目标。如果教学内容的特征和性质不同，就要应用不同的教学方法。当教学方法与教学内容的特征和性质相吻合时，就能够实现教学内容效益的最大化。

（三）认识教学对象的客观情况

教学对象即学生，存在个体差异性，这种差异性主要体现在经历、知识储

备量、性格、思维方式等的不同，这也对教学方法的选择提出了一定的要求。教学方法要结合教学对象的客观情况，确保切实提高每一位学生的学习水平。

（四）充分认识到自身的素养和具备的能力

教师因其自身条件，在选择同样的教学方法时也会产生不同的教学效果。教师应当客观、真实地评判和分析自身的素养，认识自己的能力，结合分析的情况选择适合自己的教学方法，以达到教学效果最大化。

（五）了解教学方法的功能与种类

各种不同的教学方法都有其特定的功能与特点，教师应当清楚地认识这一点，了解教师所能应用的教学方法，知道每一种教学方法的优缺点，真正做到有的放矢。

二、初中常用的教学方法

结合我国初中教学的实际情况，教学方法可以被概括为以下几种：语言性教学方法（谈话法、读书指导法、讲授法）；直观性教学方法（参观法、演示法）；实践性教学方法（练习法、实验法、实习法）；研究性教学方法（讨论法、发现法）。

（一）语言性教学方法

语言性教学方法是指教学实践中以口头或者书面的方式传递教学内容的方法。语言性教学方法能够准确、快速、有效、直接地向被教育者传递信息，其效果与教师的言语表达能力和阅读理解能力息息相关。语言性教学方法具体可以分为三种类型：谈话法、读书指导法、讲授法。其中讲授法是最为常见的一种类型。

1. 讲授法

（1）讲授法的含义和类型

讲授法是指教师以口头形式直接向学生传授知识的方法。讲授法对于教师来说，属于传授型教学手段；对学生而言，学生属于被动接受的对象，是讲授法的客体。

讲授法可以通过好几种方式进行，如讲解、讲述、讲读、讲演、讲评。讲解的方式主要应用于理科类科目教学中，指的是教师对概念、公式、定律、原理等进行论证、演绎、解释的过程。讲述在文科类科目中应用较多，是指教师给学生讲述事实材料。讲读多应用于语言学科的教学，如语文和外语，是指教师利用讲、读、练相结合的方式开展教学活动。讲演主要用于高年级或者大学生教学，讲演的重点不仅在于“讲”，更在于“演”，强调教师利用形象生动的方式进行授课。讲评多用于对新观点或新理念的介绍，教师在应用这一方式时不但可以对知识点进行讲解，还可以进行评价。

（2）科学应用讲授法的基本要求

确保讲授内容的思想性和权威性。不管是解释概念、描述情境，抑或是论证原理、叙述事实，教师都应当确保讲授内容的思想性和权威性，即所讲授的内容都必须是能够经受得住推敲的。

注重讲授过程的简明扼要和循序渐进。教师要深刻把握教材各部分内容的逻辑关联，从整体上对教学内容有一个深度的把控，注重由浅到深、由繁到简的教学层次，把握教学过程中的重点和难点内容。

讲授方法的灵活多样性。教师不应该只是拘泥于一种固定的讲授方式，在同一个课堂上就可以采用不同的讲授方式，以期达到教学效果的最大化。

确保讲授语言的精练准确性。教师在授课时，要重视自己的语言产生的效果，从内容和形式上做到精益求精。形式上可以做到吐字清晰、声音洪亮，内容上要生动形象、力求准确。

借助板书的力量。教师使用讲授法教学，可以利用板书，达到相辅相成的作用。好的板书不仅会让学生记住知识，也加深了学生的理解能力，教师可以通过练习的方式，为学生呈现字迹工整、布局合理、详略得当的板书。

2. 谈话法

（1）谈话法的含义和类型

谈话法又叫问答法，指的是教师根据学生实际掌握知识的情况，通过提问方式让学生回答问题，从而使学生在这个过程中获取知识。谈话法可以分为四种类型：一是启发性或开导性谈话；二是总结性或指导性谈话；三是复习性或检查性谈话；四是讨论性或研究性谈话。

(2) 科学应用谈话法的基本要求

要想使谈话法发挥最大的作用，应当从多个方面把控：一是在谈话前，教师要做好充分的准备，明确教学目标和重点，了解学生基本情况，确定谈话的提纲，并确保提纲的可行性，选择合适的谈话环境和时机；二是谈话时，要做到随机应变，教师根据学生的回答改变提问的问题，可以追问，但同时也要注意提问内容紧扣教材，不能偏离实际情况；三是谈话后教师要及时总结，整理学生的答案，在学生的回答中提取有效的信息，如学生哪些知识掌握不足等，及时调整学习进度。

3. 读书指导法

(1) 读书指导法的含义

读书指导法是指教师通过为学生制定阅读书目的方式，培养学生思维能力、扩充学生知识面、增长学生见识的方法。读书指导法是教师指导和学生阅读相结合的方式，其中，教师指导是前提和关键，学生阅读是基础和核心。

(2) 科学应用读书指导法的基本要求

一是教师要为学生指导阅读书籍的正确方法。根据学科性质的不同和教学内容的不同，教师要让学生采用不同的阅读方法。如果教师是要传授新知识，要将重难点先告诉学生，让学生明白阅读的重点，及时发现问题；如果是要应用知识，教师要引导学生积极主动去思考，将所学知识应用于实践；如果阅读书籍是布置作业的过程，教师要指导学生做好预习、复习、背诵等环节。

二是引导学生积极利用书籍。一方面教师要有针对性地帮助学生选择适合自己的有用的书籍，确保选用书籍的实践指导性和理论科学性；另一方面引导学生培养良好的阅读方法，发挥阅读的最大化效能，拓宽学生思路。

三是督促学生及时记录在阅读中产生的心得体会，也可以让学生写读书笔记。读书笔记有很多种形式，或索引式、抄录式、引语式，或批注式、补白式、摘要式，或剪报式、札记式、日记式等；还可以教会学生在阅读的书籍上做记号、画重点、提问题、谈见解、写眉批、写旁批、写尾批等。

（二）直观性教学方法

直观性教学方法是指教师利用具体的教学工具或者实物，为学生提供一个可以直接用感官去接受和了解新知识、形成新技能的教学方法。该教学方法以直接感受为主要形式，具有具体真实、形象生动的特点，能够让学生直观地接触和了解到知识。直观性教学方法主要包括参观法和演示法。

1. 参观法

（1）参观法的含义和类型

参观法是指教师组织学生到校外某一场所开展直接观察、调查、询问等方式的活动，通过这些活动的开展，学生能够获得更多知识。参观法的类型主要有以下几种：

感知性参观，是让学生获得必需的感性材料，为新的课程内容的学习打下基础而组织的参观。

并行性参观，是指在课题的学习过程中，为更加高效理解教学内容、扩展知识眼界而组织的参观。

验证性参观，指的是当某一知识学习结束后，为验证和加深知识印象而组织的参观。

总结性参观，是在某些知识讲解完成后，让学生结合学到的内容去参观，进行知识的总结。

（2）科学应用参观法的基本要求

参观前，教师要做好准备工作，根据教学的目的、要求和现实情况，明确参观的时间、地点和内容，做好整体规划。

参观时，教师根据参观内容的不同，对学生提出具体要求，积极引导学生细致观看、主动提问、记好笔记。

参观后，教师利用参观计划和教学要求，积极引导学生交流观后感，并加以点评。做好参观后的资料整理工作，反思此次参观中存在的不足，并写出报告。

2. 演示法

（1）演示法的含义和类型

演示法是指教师通过实物、教具展示等方式进行的示范性教学，通过这种教学方式让学生获取知识，增长见识。演示法有很多种分类，按照演示对象的不同，可以分为单个事物或现象的演示、全面的整个过程的演示；按照演示教具分，有实物、标本、模型、照片、图画、幻灯片、录像、教学电影以及具体实验的演示等。

（2）科学应用演示法的基本要求

演示前，教师要做好充分的准备工作，明确演示的目的，准备好演示教具。

演示时，教师要确保每一位同学都能全面、有效地观看到演示活动，教师要把控演示的动态，激励学生充分调动自己的思维去思考演示原理，充分参与到这一环节。除此之外，演示过程中教师还要做好和学生的互动工作，及时解决学生存在的疑难问题。

演示后，教师要继续启发和指导学生将观察到的内容和所学知识结合起来，对观看的演示发表自己的看法和见解。

（三）实践性教学方法

实践性教学方法是指通过实践的方式，让学生掌握知识，培养学生的学习能力和学习习惯。实践性教学方法强调学生在学习过程中的积极参与、手脑并用。主要有练习法、实验法和实习法三种。

1. 练习法

（1）练习法的含义和类型

练习法是指教师给学生布置和指导课堂及课后作业，让学生掌握知识点，培养和形成学生的技能技巧。练习法按照不同的标准有多种分类。按照练习的方法可以分为循环练习、重复练习、综合练习等；按照练习的形式可以分为课内和课外练习、口头和书面练习、问答和操作练习等。

（2）科学应用练习法的基本要求

要想让练习法发挥出最大的作用，就必须重视练习的各个环节。如具备明确的目的和要求，制定详细的步骤，设计有难度、适应教学内容的练习，对开展的练习活动能及时总结。

2. 实验法

（1）实验法的含义和类型

实验法是指教师按照教学计划，利用有关设备、采用特定方法开展的实验操作，通过实验操作获取知识、提升学生实践能力的方法。实验法的类型有三种：学习理论之前进行的感知性实验；学习理论之后进行的验证性实验；巩固已学知识时进行的复习性实验。

（2）科学应用实验法的基本要求

实验前，教师要准备并检查实验所需的有关材料、器材等，向学生表明此次实验的目的、科研背后的科学原理和操作过程中的注意事项，将学生划分为几个实验小组，特殊情况下可以进行实验的模拟示范。

实验中，教师要及时关注学生实验开展的进程，对于出现的问题及时指导和帮助，确保学生实验的程序性和安全性。

实验后，教师要积极引导学生对实验的开展情况以及结果做出概括和总结，并完成实验报告的撰写。

3. 实习法

（1）实习法的含义和类型

实习法又被叫作实习作业法，是指教师根据教学的目标和指导，让学生在校内外某一地点展开具体的实践操作，通过实践，加强对知识和理论的掌握，形成固定的技巧的方法。实习法按照不同的标准划分也有很多种类型：按照实习场所的不同，有课堂教学实习、校内外工厂实习等；按照学科的不同，可以分为理论课的技术实习、语言课的表达类实习、数学课的测量实习等。

（2）科学应用实习法的基本要求

实习前，教师要做好准备工作，向学生讲清实习的目的与任务，确定实习场所，准备好实习所需的物资，对全班同学进行实习小组的划分。

实习中，教师要跟进实习的进度，了解出现的问题并及时纠正，检查实习效果，做好过程中的示范引领工作。

实习后，教师应当及时进行总结，督促学生写出实习过程中的收获，并加以点评。

（四）研究性教学方法

研究性教学方法是指将自我发现或集体讨论等形式融入教学过程的方法，具备深入、探讨等特点。研究性教学方法主要可以分为讨论法和发现法。

1. 讨论法

（1）讨论法的含义及类型

讨论法指的是教师指导学生以某一特定形式围绕一定的客体相互交流，表达自己的看法，共同讨论问题答案的方法。课堂讨论法可以分为三种类型：一是综合性课堂讨论，主要应用于扩大有关学科理论知识；二是专题性课堂讨论，主要用于某学科中特定问题的解决；三是研究性课堂讨论，用于对某一课题进行深入的探讨。

（2）科学应用讨论法的基本要求

讨论前，教师要做好准备工作，具体包括确定讨论的题目和对整个过程的要求，引导学生准备好发言提纲，查阅相关资料。

讨论中，教师要积极引导学生表达自己的想法，畅所欲言，推进讨论的进程。

讨论后，教师应当收集各个讨论小组的意见，及时做出总结和补充。

2. 发现法

（1）发现法的含义及基本过程

发现法是指教师通过为学生提供教学内容或其他情境，激发学生独立思考，提升学生更深入地探索学习进而发现有关的结论或原理的能力的方法。应用发现法可参考这一流程：提供学生可能感兴趣的话题；和学生一起探讨这背后可能存在的疑难点；引导学生进一步思考，大胆做出相应的假设和答案；对学生的答案进行进一步的分析，挖掘背后的合理性和逻辑关系，并形成解决问题的最优方案或答案。

（2）科学应用发现法的基本要求

营造一个解决问题的环境，激发学生的求知欲和探讨欲；明确要“发现”的具体范围和内容，整理有关资料，为“发现”的内容做好铺垫，提供可以解决问题的各种假设或者推断；开展自由讨论，拓宽学生的思路和视野，进行资料分析，引导学生积极、大胆给出解决问题的方案；对学生的解决方案进行分析、归纳、总结和点评。

第七节　教学效果

一、教学效果的概念

教学效果是指经过教学取得的相应的教学成效，关乎教学评价。主要内容包括以下几点：

第一，教学效果是对教学全过程的总结和反馈，从中可以看到教学各方面的情况，从而了解教学的成效和不足。全面、客观的评价不但是教学目标实现程度的体现，还能从侧面反映出学生成绩不好的原因，教学效果是对教学进行的科学的评判。

第二，教学效果能够督促教师和学生，具有强化教学的作用。教学效果能够反馈出教师教学和学生学习的水平。经研究，对学习情况进行测试能够激发学生的学习动机，有效地推进教学进程。

第三，教师能够通过教学效果了解自己教的情况，学生也能通过这种方式认识到自己所学知识的水平，师生都能通过教学效果及时调整自己的教学（学习）方法，以达成长期的目标。

二、影响教学效果的因素

影响教学效果的因素有很多，按照主体不同可以分为家庭、学校和社会因素。詹姆斯（James）将影响教学效果的因素总结为四类：

（一）非教学因素

如教师对学生的眼神交流、肢体语言交流、教师的热情等。

（二）教学设计

如在教学活动中先表明清晰的学习目标，注重课程内容的逻辑关系，开展一些以学习者为中心的活动等。

（三）课堂管理

如调动学生参与课堂的积极性，高效利用课堂有效时间等。

（四）教学手段的应用

如课件有趣实用、黑板有效使用、教案整洁且含义清晰等。对于重点、难点问题，教师应当运用案例教学、课程专题研究、文献阅读等多种有机结合的教学方法，安排适当的课堂讨论。

三、提升教学效果的措施

（一）帮助学生认清自我

作为一名合格的教师，有义务帮助学生充分认识自己的能力，并制定合适的学习目标。学习目标根据时间维度可以分为长期目标和短期目标，将两种目标结合起来才能取得最优效果。

（二）引导学生掌握学习方法

英语的学习与其他语言学科的学习一样，需要日积月累，是一个循序渐进的过程，而不是一蹴而就的。当前，社会上有形形色色的辅导书和培训机构，打着“效率至上”的旗号，号称“通过几天时间就能练就一口流利的英语”，这种教育，完全背离了英语学习的规律。当然了，不可否认的是，在英语学习过程中有好的学习方法，这就需要教师根据每个学生的特征，去引导学生找到属于自己的最合适的方法。《诗经》有云：“靡不有初，鲜克有终。”教师应当教会学生这样一个道理：要想学好英语，需要持之以恒的坚持，需要脚踏实地的努力。

（三）鼓励学生个性发展

社会心理学中的“镜中我”理论认为人都是通过社会交往过程中他人对自己的态度来认识自己的。优秀的教师应当和学生保持若即若离感，一方面能够与学生打成一片，能够让学生相信自己，另一方面仍旧保持教师的威严感，自己讲道理时，能够让学生信服。教师也要相信学生，相信每位学生都能学好英语，并且让学生感受到教师对他们的期望和信任，这样一来，学生也会逐步建立或增强对自己的期望，从而达到良性循环的教学效果。在教学活动中，教师应当把每位学生当作独立的个体，根据每个学生的个性、学习状况对他们提出不同的要求，不能一概而论。现如今，互联网技术空前发达，学生喜欢用新的、潮流的事物，教师也要与时俱进，了解新型技术，尽量和学生打成一片。

（四）提高教师自身素养

教师是学生的引路人，要确保自己走得端行得正，自身具备良好的素质。在教学活动中，教师的言行举止都潜移默化影响着学生，这要求教师具备较高的专业知识素养、思想品质等。在初中英语课堂教学中，教师不但应当具备过硬的专业知识，更应当掌握一些教育学、心理学和管理学等学科相关知识，这样才能游刃有余地开展教学活动。

要注意提高表达能力与沟通技巧，经常与其他教师沟通交流，互相之间虚心学习讨教，不断提高工作方法，使之多样化和个性化。当下，很少学生能够静下心来，长时间专注地做好一件事情，教师就要身体力行，用广博的学识和人格魅力吸引学生，以扎实稳健的教风带动优良学风，以崇高的思想境界引领校园精神文化发展方向，不急不躁，淡定而舒缓地展现英语的优美和奇妙之处，吸引学生模仿，并持之不懈地努力。

（五）改进教学方法和手段

有的教师注重以输出（output）带动输入（input），从英语五项技能中的输出，即“说”“写”和“译”出发，发现存在的问题，以带动和刺激输入，也就是“听”和“读”；或者通过“做中学（learning by doing）”，让学生参与到教学中来，激发对英语学习的兴趣。有的教师注重情境的构建，使教学内容生动有趣，如学习新词汇或用法之前，引导学生充分发挥想象力，设计一些情境，以帮助理解和记忆；学习某些阅读材料前，先介绍相关的历史和文化背景知识，让学生感觉到英语作为一种语言，鲜明生动，有血有肉，魅力无穷，它的诞生、发展和演变的过程就是西方社会文明的进化史，是反映西方意识形态和人性的一面镜子。也有的教师实践经验丰富，教学中尽量凸显英语的实用价值，以激发学生的学习兴趣。

（六）严格课堂管理

提高教学效果的第一要义就是抓好课堂教学，而保障良好课堂教学效果的关键就是严格管理课堂。阿尔伯特·班杜拉（Albert Bandura）的社会学习论认为，人的行为能力可以通过观察学习获得。这一认知过程的实质就是替代强化。影响行为的因素存在于个体的生活、学习环境中，如果能控制这些因素，提供良好的榜样，奖励适当的行为，就有助于良好行为的形成与发展。替代强化的过程就是严格管理，否则就无从强化。要让学生将成长过程中形成的不良习惯在初中期间改掉，没有足够的压力是不可能实现的。教师在课堂上严格要求学生，严肃课堂纪律，创设和维持良好的班风班纪，不仅能够为学生创造一个良好、安稳的学习环境，也能够让学生避免形成不良习惯，在好的环境当中成长成才。初中生心理尚未完全成熟，有着较强的从众心理，即使是不够自律的学生，也能在风气较好的班级中和其他学生共同进步。反之，原本各方面都表现良好的学生如果身处不好的环境中，可能会倒退。这就是环境对人的重要影响作用。研究表明，那些强调学习、管理严格的学校中的学生比管理松懈的学校中的学生更愿意遵从社会和学校的要求，学习态度更积极，学习成绩也较好。同时，要警惕“假积极”和“真懈怠”。学习的积极性与最终的学习成绩不一定成正比，有些学生的积极性是做给教师看的，其实并没有做出任何实际的努力。有的班级整体学习很积极，可是学习成绩却比学习表现散漫的班级差很多。所以，在严格课堂管理的同时，要注重提升学生的学习效果，随时监督检查学生的学习状况。

（七）定期举办英语活动

除了课堂的教学外，教师还应当给学生提供更多的学习英语的机会，让学生得以实践，将所学知识应用到现实生活当中。教师还应当鼓励有条件的学生积极参加校外英语竞赛，这些活动不但可以激发学生学习英语的兴趣和积极性，还能开拓学生的视野，激发更多学生学习的动力。

第三章 初中英语课堂教学主客体分析

第一节 初中英语课堂教学主体(教师)分析

相信没有人会对“教师”这个职业感到陌生，要想认真透彻地认识和了解这一群体，就必须将教师作为一个整体进行研究，从教师职业的产生、发展、所享有的权利和义务等方面着手研究。

一、认识教师职业

作为人类社会发展史上的一门历史悠久的职业，教师职业的出现与发展和整个社会的发展有很紧密的关系。准确认识和掌握教师职业发展状况，应当从多维度着手。

（一）教师职业的产生与发展

教师的发展与演变有着漫长的过程，总体来说，发展趋势是由业务化向经验化和专业化慢慢过渡的过程。

1. 古代教师职业的非专门化阶段

由于社会生产水平的低下，人们的思想受到一定限制，原始社会中存在“长者为师”的说法，这表明在各个行业领域中都还没有专职教师。后来伴随着学校的出现和形成，教师这一职业顺势而生。在我国的春秋战国时期，孔子设立了私学模式，人类社会史中出现了第一批以教学为生的专业性职业教师。但是不论是在我国还是西方国家，不同于现在，古代社会中的教师职业都更注重教师的道德教化这一作用。比方中国的官吏、欧洲国家的神职人员等，凡是被人们认为“有道”的人都会被尊称为老师。古代的老师并没有经受专门的教育机构的培训，流行“长者为师、典范为师、以僧为师、以吏为师”。

2. 近代教师专业化的初级阶段

随着社会的不断发展和进步，教育越来越受到人们的重视。西方国家的教学发生了翻天覆地的变化，体现在教学内容、组织形式等方面，教学不再是一件随意的事情，人们对教育的关注度越来越高，对教师的要求也越来越高，教师不仅要掌握最基本的学科知识，也要掌握教学的技巧和方法。教师专业性的增强对教师资格的要求变得更为严格，为了满足不断增长的教学需求，教师接受专门职业训练的需求也变得尤为突出。法国的拉萨尔（Lasalle）于1681年设立了最早的教师资格培训学校，注重职业训练而非专业训练。19世纪初期，法国开始实施初等教育教师考核和证书制度，教师职业由职业化向专业化方向转变。然而，由于社会水平的限制和教育理论发展水平的低下，教师这一职业还没有引起人们的重视，教师职业的自我意识处于萌芽期，没有得到进一步的发展。这一时期主流教师职业观是“学者为师、智者为师”。

3. 教师专业化的深入发展阶段

随着现代科技的进步和发展，教育对于社会发展的推动作用越来越突出，社会各界对于教师职业的认知更加清晰和全面，对于教师的要求也越来越高。面对日趋复杂的教育环境，人们希望教师也能够像律师、医生一样，提供一种专业的、高尚的、有成效的服务。20世纪中期以后，教师的专业化发展更加有影响和深度。1966年，联合国教科文组织在巴黎召开“关于教师地位的政府间特别会议”，会议通过的《关于教师地位的建议》明确提出：“教育工作应被视为专门职业。这种职业是一种要求教员具备严格而持续不断的研究才能获得并维持专业知识及专门技能的公共业务；它要求对所辖学生的教育和福利具有个人的及共同的责任。”这是第一次有国际社会专业人士对于教师职业给予肯定和鼓励。

1996年，联合国教科文组织召开第45届国际教育大会，以“加强变化世界中教师的作用”为题，明确指出“专业化——作为一种改善教师地位和工作条件的策略”。

1986年6月21日，我国国家统计局和国家标准局发布的《中华人民共和国国家标准职业分类与代码》中，把各级各类教师列入了“专业、技术人员”这一类别。1993年10月，《中华人民共和国教师法》首次提出“国家实行教师资格制度”，并实行“教师职务制度”，逐步实行“教师聘任制度”。1995年，国务院颁布《教师资格条例》。2000年9月，教育部颁发《〈教师资格条例〉实施办法》，教师资格制度在我国正式启动。这一系列政策措施的相继出台，充分表明我国政府已经把实现教师职业的专业化摆上了议事日程。

（二）教师职业的特点

作为人类历史上古老的职业之一，教师发展的过程很漫长，教师的职业特点映射出教师职业的发展与变革，代表着时代变迁对于教师职业提出的要求。在当代社会，教师职业有这样的特点：

1. 教师职业形象的准公共性

教师这一职业具有特殊性，主要体现在其身份上，教师是知识的传授者。教师所面临的都是阅历不足、人生经验比较少的学生，这些学生肩负着家长、学校和社会对他们的期望。教师的一言一行、一举一动都能够对学生的发展带来长远影响。就某种意义而言，教师虽然不是公共性人物，但其身上拥有准公共性的特征，有这个社会积极向上、正能量的一方面。所以，教师在人们心中的形象一直以来都是高尚的，是高知识水平和高道德标准的代言人，这也是现如今教师职业的一大特征。

2. 教师职业劳动的复杂性

教师职业的劳动并不简单，他们往往承担着面对来自不同家庭背景、不同的智力水平和性格各异的学生的教学任务，教师所面临的教学环境不是单一的、一成不变的，甚至可以说，每一天的教学活动都是不同的，都有可能面对不同的情况，处理各种棘手的问题。所以，教师在教学活动中需要发挥自己的主观能动性，去解决随时可能出现和产生的问题，更好地完成教学任务。在某种程度上，教师职业具有劳动的复杂性。

3. 教师职业绩效的模糊性

我们往往习惯于用学生的学习成绩来判断教师的教学效果，其实这在很大程度上是不公平的。学生的教育情况并不是只有教师决定的，教师在这其中发挥着主导作用，而非单一作用，学生因为其家庭背景、智力水平、学习能力和习惯、性格等的不同都会对其个人发展产生影响，因此，不应该根据学生成绩片面地看待教师的付出是否有用，我们对教师的考核很难有一个标准的认识。

4. 教师职业价值的迟效性和深远性

有时候，教师这一职业对于学生的影响并不单单体现在教学活动中，事实上，教师对学生的影响贯穿到了学生的一生。我们经常会听到类似的故事："某教师对一个学生所做的一件事情改变了这个学生的一生"，这恰恰就反映出教师对于学生影响的深远性，所以，教师的教学必须面向未来。教师要通过长期坚持不懈的教学，给一茬又一茬的学生带去深远影响。虽然教师职业价值具有迟效性，但其影响具有深远性，教师这一职业对学生的影响不仅仅局限于学生在校的几年，而是未来很长一段时间，甚至一辈子都会有影响，这种影响会引导社会风气的变化和发展，即使初中三年的教学活动结束了，但教师对学生的影响并不会因此戛然而止。

（三）教师职业角色

何为角色？角色为个人在社会发展当中起到某种特定作用的人物形象的总结和概括。事实上，在社会当中，一个人可能在不同的场景会扮演不同的角色，但人的职业角色相对比较稳定，是单一的。通常情况下，不同的职业性质，使不同职业所扮演的角色、承担的职责都表现出不同的特点。根据教师职业的工作性质，教师职业角色具有多样化的特点。教师这一职业具有特殊性，在扮演自己的工作角色时，往往呈现出多个特征。

1. "传道者"角色

教师这一职业从产生之时，就被赋予"传递者"的角色，"道之所存，师之所存也"，教师是传统价值、道德观念的传递者。虽然现代社会的开放性使得社会观念多元化，但教师的教学并非随意的，教师所代表的价值观念、道德观在很大程度上是这个社会所主导和提倡的主流观念，学生"做人之道""治学之道"都是从教师那里获取来的，教师应当认识到自己所承担的这一角色。

2. "授业、解惑者"角色

韩愈在《师说》中说："师者，传道授业解惑也。"教师具备专业知识，他们掌握了人类社会发展中形成的经验知识和技术，能够用通俗易懂的语言将知识传授给下一代，对于学生提出的问题，及时给予解答并说明背后的原理，启迪学生的智慧，为社会的各行各业培养和输送源源不断的人才。

3. 示范者角色

教师是学生言行举止的领路人，教师的一言一行影响着学生，这种影响是长期的、潜移默化的，因此，教师要注重自己平时的言行举止，为学生提供一个好的“领路人”角色。

4. 管理者角色

教师是教学活动的主导者，同时也肩负着教学过程中的管理责任，主要包括教学目标的确定、班规的制定和执行、集体的建立、课堂纪律的维持、教学活动的组织、人际关系的协调等，并控制、检查和评价教学活动。

5. 朋友角色

师生关系良好时，学生往往愿意将教师当作自己的朋友，也希望教师能够将自己当作朋友。在课堂上，学生与教师是师生关系，在课后可以是朋友关系，教师可以给学生人生指导和建议，分担学生的痛苦和欢乐。

6. 研究者角色

教学活动的对象是千差万别、充满活力的，教师的教学内容也是日新月异、不断变化和发展着的，这就要求教师要以一种全新的态度来面对自己的工作内容和工作对象，积极主动，不断学习和创新。

上述所列出的教师职业的角色类型，缺一不可。这些角色类型的出现要求教师必须具备相应的素质，否则就不能称得上是合格的教师。

二、教师的权利与义务

《中华人民共和国教师法》于1993年10月颁布，其中对教师这一概念是这样界定的：教师是履行教育教学职责的专业人员，承担教书育人、培养社会主义事业建设者和接班人、提高民族素质的使命。《中华人民共和国教师法》对于教师的性质和使命做了详细说明，教师是受人尊敬的职业，是得到国家和社会认可的。为了保障教师这一群体的权利，我们国家在法律法规上做了相应规定，同时，也对教师应当承担的义务做了界定。教师的权利和义务体现在以下几个方面：

（一）教师的权利

教师的权利是指教师在教学活动中享有的可以开展某项事物的自由，这种权利是无法剥夺的。教师享有的权利包括以下几个方面：

1. 开展教育活动权

教师这一职业存在的目的就是为学生开展教育活动，这是教师最基本的权利。具体来说是指教师在自己的教学活动中，根据教学目标，结合教学内容和学生实际情况，利用自己的教学经验和特有的教学方法，将知识传授给学生。值得注意的是，教师的这一权利是以其身份为前提的，一个不具备教师资格的人不具备这种权利。

2. 发表见解权

教师是从事专业知识教育的，在知识教育领域，教师有权利发表自己的看法和见解，具体包括对某一观点的态度，可以是肯定的，也可以是否定或者中立的。在学术活动中，教师也可以就某事发表自己的想法，这是任何人都不能剥夺的教师的权利。

3. 获取报酬待遇权

教师这一职业是被得到认可和批准的，教师的教学行为同其他劳动者的劳动行为一样，都应当受到法律保护。在法律上，保护劳动者的合法权益最主要的体现就是获得劳动报酬，教师也不例外。在获得劳动报酬的同时，教师也付出了辛苦的劳动，这是他们应该享有的权利。凡是损害教师这一权利的行为，都会受到法律的惩罚。

4. 休息、休假的权利

这也是《中华人民共和国劳动法》中规定的属于劳动者的一项权利，教师作为劳动者，理应享有休息、休假的权利。

5. 管理教导学生权

这是教师所特有的在教学活动中得以展开的对学生的管理权，具体表现在教师可以让学生遵守课堂纪律、认真听讲、按时完成课后作业等权利，同时教师也可以对学生展开教导，让学生摒弃不好的习惯，培养良好的学习方法和习惯。

6. 批评建议权

教师属于学校的一分子，有权为学校的教育提出自己的意见或建议，对于学校未来的发展，教师可以出谋划策，贡献自己的力量。

7. 获得培训和再教育权

作为专业性很强的一种职业，教师有获得自我发展和提升的权利，这就需要对教师进行培训和再教育。社会中有很多新出现的观念和更新的知识，社会和学校应当为教师搭建一个平台，让教师有机会获得交流和进步，进而满足教师获得培训和再教育的需要。

教师所享有的权利的多少折射出我们国家对于教师的重视程度，同时也是教师社会地位和一种社会风气的体现。

（二）教师的义务

权利和义务就像是一枚硬币的两面，任何人在享受权利的同时，都必须承担一定的义务，教师也不例外。通常情况下，对教师越重视，就会给予教师越多的权利，相应地，教师所承担的义务就越多。教师的义务是指教师在教学实践中必须践行的事项，教师可以放弃自己的权利，但是必须承担自己的义务。具体而言，教师的义务主要体现在以下几个方面：一是遵守宪法和法律、遵守职业道德的义务；二是贯彻国家教育方针，遵守相关规章制度，执行学校教学计划，履行教师聘约，完成教育教学工作任务；三是对学生进行宪法所确定的基本原则的教育和爱国主义、民族团结的教育，法治教育以及思想品德、文化、科学技术教育，组织、带领学生开展有益的社会活动；四是关心、爱护全体学生，尊重学生人格，促进学生在品德、智力、体质等方面全面发展；五是制止有害于学生的行为或者其他侵犯学生合法权益的行为，批评和抵制有害于学生健康成长的现象；六是通过不断的努力，不断提高自身的思想政治觉悟和教育教学业务水平。

《中华人民共和国教师法》所规定的权利和义务，是在教育教学活动中产生并由教育法律规范所设定的法律意义上的权利和义务，是一种职业特定的权利和义务。教师的权利和义务始于其取得教师资格并在学校或其他教育机构任职，终于解聘。

三、初中英语教师的发展特征

（一）教师职业专业发展

教师职业的专业化发展有一个很大的好处：提高教师的社会地位。不管是什么职业，只要具备很强的专业性，那么可替代性就会变得很小，职业的发展也趋于稳定。因此，初中英语教师也随着这一趋势，向着专业化方向发展。只有这样，才会提高教师在人们心目中的形象，促进教学教育事业更好更稳定地发展下去。

1. 教师职业专业发展的概念

教师职业专业发展是指教师在不断地进步后，达到一定的专业化标准，取得专业性地位，这种专业化是一般人所不具备的。教师职业专业发展是教师职业成熟化的标志，也是教育学中对教师的最终要求。

教师职业专业发展的完成意味着教师职业完成从普通职业向专门职业的蜕变。通常情况下，从事专门职业者要经过一段时间的专业化训练，掌握专业知识，具备专业的行为能力和判断力，能够为社会提供专业知识、技能或服务。专业职业者在行业领域一般具有较好的口碑，能够将个人发展和职业技能提升融合到一起，从事专业职业的人能够将事业长期化坚持，将其作为一种工作常态。

2. 教师职业专业发展的条件

教师职业的专业化发展是一个漫长而曲折的过程，其中需要教师付出艰辛的努力和常人难以想象的坚持。总的来说，要想实现教师职业专业化，应当从以下几个方面着手：

（1）用规范的制度严格教师进入门槛。教师是一个有着高标准高要求的行业，并不是每一个人都可以当教师，只有达到一定的标准才可以成为一名教师。在我们国家，这个标准就是教师职业资格证，教师要想获得执业的国家许可，就必须通过教师职业资格证的考试，掌握最基本的知识，具备基本专业素养和能力。

（2）具备系统化的知识。一方面，教师必须具备所教科目的专业知识，掌握专业基础知识；另一方面，教师必须具备教师应当拥有的基本素养，即教育知识。

（3）教师教学活动的团体化。教师这一职业的专业化发展离不开教学活动的团体化，即形成社会所认可的专业化团队，以此促进教师职业的专业化发展。

（4）教学活动的专业化。教师的教学不是随意的，相反，教学要严格按照所制定好的科学方法和程序开展，只有专业化的教学活动才能获得学生的认可，能进一步促进教师职业的专业化发展。

3. 教师专业素养

《中华人民共和国教师法》第十条规定："国家实行教师资格制度，中国公民凡遵守宪法和法律，具有良好的思想品德，具有本法所规定的学历或经国家教师资格考试合格，有教育能力，经认定合格的，可以取得教师资格。"这些要求在实践层面则通过教师的专业素养来体现，因此，教师的专业素养是当代教师质量最鲜明的体现。

（1）教师的学科专业素养

教师的学科专业素养不同于其他的专业人员，教师因其教学活动的特殊性，其学科的专业素养是胜任教师工作的最基本要求。具体而言，教师的学科专业素养可以从以下几点体现出来：

一是准确掌握该学科的基本知识和特征。能够精确把握学科的基本知识并且熟练应用于实践，对于理论的衍生等能够了解，熟知学科的发展脉络。

二是不仅熟知自己的学科知识内容，也能够了解与自己学科相接近或者有关联的学科。

三是了解学科的发展脉络，包括了解学科发展的历史、学科发展的趋势和动向、学科研究的最新成果，了解推动学科发展的因素，该学科对人类社会发展的价值及在社会生活、生产实践中的表现形态。

四是了解该学科领域的思维方式和方法论，包括领悟独特的认识世界的视角、域界、层次及思维的工具和方法，熟悉学科内科学家创造发明的过程及成功的原因，学习科学家身上展现出来的科学精神和人格力量。

（2）教师在教育方面的专业素养

教师不仅仅是知识的传授者，更是学生思想道德的建设者。除了具备最基本的专业素养外，教师还应当具备教育方面的专业素养。教师的教育专业素养主要有三个大的方面。其一是教育学知识，如最基本的教育学理论、教学论、教育心理学等；其二是学科教育学知识，如教材教法；其三是专业态度，专业态度包括教育理念、专业情怀和职业道德。

（二）教师个体专业发展

教师是具体开展教学活动的人员，是履行教学职责、传授专业知识的人员。教师这一职业的特点是在教育领域具备较强的专业素质。事实上，教师个体专业发展就是指教师能够在自己的教学生涯中，通过对自身进行专业素质训练，进而达到个人专业知识、能力、素质、技能等不断精进的过程，在这个过程中，教师的专业性不断加强。

1. 教师个体专业发展的内容

作为专业人员的教师，拥有教育专业的知识和能力，能够有效地思考和解决教育领域的问题，表现出良好的专业行为。因此，教师个体专业发展主要包括以下内容：

（1）教师的专业人格

教师的专业人格是指教师在教学活动中表现出来的经常性的、稳定性的一种有关道德品质方面的素质。受学生欢迎的教师专业人格主要有：善良诚实、正直宽容、公正严格等。善良诚实是为人的基础，正直宽容表现为教师对学生的热爱，公正严格是教师应当具备的责任素质。“学高为师，身正为范”，“有人格作背景”的教师才能赢得学生的信任和尊重，使学生心悦诚服，在潜移默化中影响学生的成长。

（2）教师的专业理想

教师的专业理想是教师对教育行业的追求和向往，是教师对于教育发展的理想状态，这种理想基于教师对教学实践工作的认知、总结和升华。具有专业理想的教师，在自己的职业发展中，有着明确的计划和目标，有较为完善的教育理念，有维护自己声誉的自尊，有很强的职业认同感，能将个人发展融入职业发展当中。因此，拥有专业理想的教师在个人转化发展中具备强大的精神内驱力。

（3）教师的专业技能

教师的专业技能分为教师的教育教学能力和教学技巧两个方面。教师的教育教学能力主要包括：设计教育教学活动能力、教学实施能力、教学组织管理能力、语言表达能力、学生评价能力、课程开发与建设能力、自我反思与教育教学研究能力等。教师常用的教学技巧主要有：导入的技巧、提问的技巧、强化的技巧、变化刺激的技巧、沟通的技巧、教学手段运用的技巧、结束的技巧等。

（4）教师的专业知识

教师的专业知识主要包括学科专业知识、教育学科知识、实践性知识。学科专业知识是教师所教特定学科的专业知识，如物理知识、数学知识等，它是教学活动的基础。教育学科知识是教师成功进行教育教学所必备的知识，主要包括一般的教育学知识和学科教育学知识，如教育学原理、教育心理学、课程与教学论、教育科学研究方法、学科教育学、教材教法等。实践性知识是教师个体在自身的教育教学实践中，通过不断的感悟、反思而形成的知识，体现教师个人的教育教学智慧和风格。

2. 教师个体专业发展的途径

教育教学是一种专业活动，教师个体教育教学专长的形成和发展，是一个持续和长期的过程，渗透在教师职业生涯的始终。从实践层面而言，主要包括职前教育、新教师的入职教育、教师的在职教育、教师的自我教育。

（1）职前教育

这是指对准备担任教师的人员所进行的教师教育，传统上主要由师范教育完成。职前教育主要包括学科专业知识的学习、教育专业知识的学习以及教育实践三个方面，目标是逐步形成一定的教育专业思想与职业意识，获取专业知识与技能，认同教师职业规范。它是教师个体专业发展的起点和基础。

（2）新教师的入职教育

这是对已经获得教师资格并被聘用的人员实施的入职教育，一般时间不长，属于短期的系统培训。采用集中和分散相结合的形式，由经验丰富的一线教师担任导师，注重教育教学的现场指导，其主要目的是转变角色，尽快适应教师角色及其工作岗位，把教育的专业知识有效地转化为教育教学技能，较好地融入学校教育中。

（3）教师的在职教育

教师的在职教育主要是为了满足教师个体专业发展的提高要求，或为了适应教育改革和发展的需要，提供的不同发展需求的教师教育。其主要对象为现任的在职教师，一般有学历教育和非学历教育两种类型，可以是业余进修，也可以是校本培训。主张采用研究性学习方式，重在对教育问题的探究和教育教学水平的提高。这是促进教师个体专业发展的重要渠道。

（4）教师的自我教育

如果说教师的职前教育、入职教育、在职教育是他设的，教师的自我教育则是自设的，是教师自我的专业化建构。教师的教育教学工作是一项个性化极强的工作，需要教师通过自身的尝试和经验积累来完成，是一个不可替代的过程。因此，教师要自觉地对自己的教育教学过程进行系统的反思，这是教师个体专业发展中最直接和最普遍的途径，也是教师个体专业发展中的关键。

3. 教师的人格特征

教师的人格特征是教师作为社会人，身上所具备的关于个人的独特的特点、品质等。教师这一职业有其特殊性，因为教师的工作环境、手段，面对的对象等具有特殊性。所以，对教师的个性要求也区别于其他职业。

（1）教师优良的个性品质

教师优良的个性品质或者说适合于教师工作的个性品质包括了很多内容，如热情慷慨、善于交际、乐于助人、有责任心、仁慈友善、合群合作、公平客观、耐心周到、有幽默感等。据调查，我国中学生喜欢的教师前五种品质是：热爱、同情、尊重学生；知识广博、肯教人；耐心温和、容易接近；对学生实事求是、严格要求；教学方法好。

（2）教师不良的个性品质

教师不良的个性品质有：冷漠孤僻、木讷呆滞、悲观丧气、主观偏心、过分挑剔、嘲讽学生、无耐心、对学生有敌意、训斥学生等。据调查，我国中学生不喜欢的教师前五种品质是：经常骂人、讨厌学生；对学生没有同情心、把人看死；上课拖延时间、下课不理学生；偏爱、不公正；教学方法枯燥无味。

（三）教师应具备的基本素质

教师的基本素质是教师所具备的一种固有品质，它是以先天存在和后天习得而来的，在教学活动中体现出来的基本素养。对于初中英语教师来说，应当具备以下素质：

1. 业务素质

英语和其他学科一样，在教学活动中都是需要教师的“教”和学生的“学”相互协调配合，共同完成的。但是又有不同于其他学科的地方：一是学生是以一种语言学习的方式学习另一种外语；二是学生的英语学习受制于条件影响，学生本身处于汉语交流的文化圈子，在这样一个特定的环境里，无法为其提供一个好的学习和实践条件。因此，要想做一名优秀的初中英语教师，不仅仅要具备教师应当具备的基本素质，更要在此基础上建立和形成更多优良品质。这要求教师要有敏锐的洞察力，注重点滴积累，只有这样才能取得优秀的教学成果。从某种程度上讲，英语教师业务素质的水平决定着英语课堂教学效果的好坏。

初中英语教师的业务素质可以从以下几个方面衡量：

一是在知识结构上，应当具备扎实的英语专业基础知识、较高的汉语水平、丰富的语言学科知识以及其他相关知识。

二是在教学方法上，应当以开发学生的智力、提高学生英语能力为出发点，调动学生学习积极性，注意教学方法的使用和变换。

三是在教学素质上，教师应当具备扎实的基本功，包括英语课堂教学中常用的“听、说、读、写、译”五个模块的内容，熟悉最基本的电脑操作，精通教学内容，在教学方面有自己的独到见解和想法。

四是在教学能力上，初中英语教师应当具备良好的课堂组织能力和课堂管理能力，有较强的表达能力，有敏锐的洞察力以及处理突发事件的应急能力。

2. 思想品德素质

“师者，范也”，作为一名英语教师，必须具备高尚的人格和情操，必须时刻坚持和贯彻党的教育方针和基本政策。英语教师应当以较高的标准严格要求自己，做到爱岗敬业、刻苦钻研、热爱学生。作为一名英语教师，还应当树立“以人为本”的新课程理念，树立全新的学生观。新课标要求教师坚持面向全体学生，始终站在学生的角度为学生的发展出谋划策，尊重学生的个性发展，满足学生在学习的各个环节中的实际需求，促进学生全面、健康发展。

3. 健康体魄

教师平常的教学工作比较辛苦和繁忙，如果没有一个健康的体魄，那教师的工作就无从开展。试想一下，如果一位教师因为身体状况不好隔三岔五地请假，或者在课堂上因为疲弱而无法继续授课，那将对学生的学习造成多大的不利影响。因此，教师应当保持一个健康的体魄，要有足够的能力应对高强度的教学活动。

4. 健全人格

教师应当具备健全的人格，能够正确地认识学生，看到学生身上的优点和缺点。教师的心态应该是健康的、阳光的、积极向上的，要想培养出优秀的学生，教师必须严格要求自己，使自己的言行举止符合规范。

5. 创新思维

这个时代的变化和发展是很快速的，有很多新观念、新思想每天都在出现，也有很多的知识点在随着社会的发展进步和人们认识水平的提高发生变化，这就要求初中英语教师必须紧跟时代的发展，打破思维定式，超越固有的条条框框，培养创新思维。

6. 人格魅力

在教学活动中，除了知识的传授和教导，教师还会在无形中给学生传递一些做人的道理和知识，这就是教师的人格魅力。如果一个教师拥有一些美好的品质，如博学、幽默、善良、真诚、正直，那学生也会被这些所吸引，进而被教师的人格魅力所吸引，这对于学生的学习和个人发展具有极大的帮助。

第二节　初中英语课堂教学客体(学生)分析

教学活动的最终目的是给学生传递知识，学生在教学活动中扮演着重要作用，没有学生，教学活动就无从开展。了解和研究学生的属性、发展情况等，对于教师的有效教学有很大帮助。

一、学生的本质属性

学生也属于社会的个体，拥有人的本质属性，和其他社会个体一样，学生也受到社会关系的制约。在教学活动中，学生是教师教学的对象，有其独特的属性。

（一）学生处于人生阶段身心发展最迅速的时期

1. 学生具有发展的可能性与可塑性

对于每个人而言，中学时期都是其发展、成长的关键时期，在中学阶段，人由不成熟逐渐走向成熟，不管是从生理上还是心理上，人都会得到一个快速的成长，在未来发展方向方面，也存在更多可能性。

2. 学生发展的可能性和可塑性转变为现实性的条件是个体与环境的相互作用

学生作为社会人，其个性发展受到自然和社会的制约。随着社会实践的增多，学生受到的外界条件的限制更多倾向于社会环境。学校作为一种特殊环境，有责任有义务为满足学生的发展保驾护航，对教学活动做出合理的规划和安排。

（二）学生是学习的主体，是具有能动性的教育对象

学校教育是有计划、有目的、有组织地培养人的社会活动，由教育者按照一定的教育目的、具体的教育对象和特定的教育场景来选择教育内容，组织教材和教学活动，并采取一定的教育方法来对学生施加影响。与环境对个体自发的、零碎的、偶然的影响相比，学校教育对学生的成长起着主导作用。

学生最主要的任务是在教师的教学活动下学习，完成学习任务，获取有利于自身发展的知识和技能。受传统教师权威文化的影响，加之学生自身知识掌握不够，没有社会经验，所以学生更加倾向于接受和相信教师的影响，在内心深处，他们认为教师就是权威的代表，这种观念为教师教学活动的开展提供了便利。但是学生并不会完全盲从和听从于教师，作为学习的主体，学生也是独立的个体，有一定的思想，具有一定程度的主观能动性。学生的主观能动性体现在以下几点：

1. 独特性

社会中的个体都是独立的，学生也不例外。俗话说，世界上找不出完全相同的两片树叶。作为独立个体，每个学生都有自己的个性、爱好和追求，都有自己与众不同的地方。认识到学生的独立性，就是要承认学生的个体差异性和多样性，并且尊重每个学生的个性。只有这样，才能因材施教，让每一个学生

在适合自己的道路上成长成才。

2. 选择性

正是因为学生有其独特性，他们能够应用自己独特的思维去思考问题，学生对于教师所传递的信息并不是全盘吸收，而是有选择性、有目的性地加以接受。在学习过程中，学生会根据自己的真实情况，如自己的学习目标、学习能力等选择学习内容和学习方式，及时调整自己的学习进度等，学生的选择性也会对教师的教学效果产生影响。因此，教师应当认识到学生在学习方面所具备的选择性，调动学生学习的积极性和主动性，更好地促进学生成才。

3. 创造性

创造性是学生具备主观能动性最主要的体现。学生的学习并非只是一个被动接受的过程，而是一个通过自己的方式内化知识的过程。在学习过程中，学生可以根据自己学到的知识和观点提出更深层次的见解和认识，或者对所学内容提出挑战，以更好地掌握知识。

二、学生的身份和法律地位

在当今社会中，学生常常被看作是处于弱势地位的群体，尤其是对于初中生而言，常常不被认为是具有独立思想的个体。因为这个年龄段的孩子思想还没有发育成熟，个性还不鲜明，在社会当中的发言权不是很充分。初中生是处于一个依附地位的群体，教师、家长们习惯于将自己的观点强加于学生头上，美其名曰“为了孩子好”，殊不知这样往往会起到揠苗助长的效果。尊重学生个体差异，将其作为一个独立个体，才能从根本上保障学生获得健康积极的成长环境。

要确立儿童在社会中的主体地位，关键是要承认和切实保障青少年和儿童的合法权益。从观念的层面上讲，要正确认识学生的身份和法律地位，树立现代的学生观；从制度层面上讲，要懂得法律规定的学生的权利和义务，尊重学生的权利，确定恰当的学生管理制度，科学地教育和管理学生。

初中生虽然年龄比较小，但是他们和社会中的其他个体一样，享有人所享有的最普遍的权利，他们的权利受到法律的保护，谁一旦侵犯这种权利，就必定会受到法律的严惩。联合国1959年通过的《儿童权利宣言》、1989年通过的《儿童权利公约》，都体现了这一精神。《儿童权利公约》明确指出：18岁以下的任何人都是积极和创造性的权利主体，拥有包括生存、发展和充分参与社会、文化、教育、生活以及他们个人成长与福利所必需的其他活动的权利。具体而言，初中生的身份和法律地位体现在以下几个方面：

1. 初中生的身份

初中生是正在初级中学学习的学生的统称，初中生的年龄阶段大概在10～15岁。初中是中学阶段的初级阶段，初级中学一般是指九年义务教育的中学，是向高级中学过渡的一个阶段，属于中等教育的范畴。在我国，初级中学学年制为三年制。

2. 初中生的法律地位

初中生作为一个学龄阶段的群体，受到法律的保护。首先，初中生作为未成年群体，因其具有“未成年人”这一特殊身份，因而还具有不同于已满18周岁的学生的法律地位，他们的这一地位已由我国《中华人民共和国未成年人保护法》《中华人民共和国预防未成年人犯罪法》等法律、法规或相关的条款所确认；其次，学生是社会当中的公民，理应享有公民应有的权利和义务；最后，学生是“受教育者”，作为学校这个特定环境中的一员，学生具有不同于一般国家公民的地位，受到学校规章制度和课堂纪律等的约束。

三、学生的权利与义务

（一）学生享有的合法权利

学生是权利的主体，享有法律所规定的各项社会权利。国际社会及许多国家都对未成年学生所享有的权利做了具体的规定。我国是《儿童权利公约》的缔约国，在履行该公约的同时，在一系列有关法律、法规和政策中也对青少年享有的权利做出了规定，如《中华人民共和国宪法》第四十九条规定：“父母有抚养教育未成年子女的义务。”新修订的《中华人民共和国义务教育法》第四条规定：“凡具有中华人民共和国国籍的适龄儿童、少年，不分性别、民族、种族、家庭财产状况、宗教信仰等，依法享有平等接受义务教育的权利，并履行接受义务教育的义务。”并规定了其他相关人员、组织、机构等在义务教育中的责任。此外，《中华人民共和国教育法》《中华人民共和国未成年人保护法》等法律对此都有相关的规定。在这些规定中，概括而言，未成年学生享有的权利主要有以下几种：

1. 人身权

人身权是公民权利中最基本、最重要、内涵最为丰富的一项权利。由于未成年学生正处于身心发育的关键期，人身权应受到特别的保护。同时，还应对未成年学生的身心健康权、人身自由权、人格尊严权、隐私权、名誉权、荣誉权等进行特殊保护。

（1）身心健康权

身心健康权主要包括未成年学生的生命健康、人身安全、心理健康等内容，如合理安排学习时间和作业量、合理安排学生的体育锻炼、定期组织身体检查；不得使未成年学生在危及人身安全、健康的校舍和其他教育教学设施中活动；安排有利于学生身心健康的社会活动等。

（2）人身自由权

人身自由权是指未成年学生有支配自己人身自由和行动的自由，非经法定程序，不得非法拘禁、搜查和逮捕，如教师不得因为各种理由随意对学生进行搜查，不得对学生关禁闭。

（3）人格尊严权

人格尊严权是指学生享有受他人尊重，保持良好形象及尊严的权利，如教师不得对学生进行谩骂、体罚、变相体罚或其他有辱学生人格尊严的行为。

（4）隐私权

隐私权是指学生有权要求私人的、不愿或不便让他人获知或干涉的、与公共利益无关的信息或生活领域，如教师不得随意宣扬学生的缺点或隐私，不得随意私拆、毁弃学生的信件、日记等。

（5）名誉权和荣誉权

名誉权和荣誉权是指学生有权享有大家根据自己日常生活行为、作风、观点和学习表现而形成的关于其道德品质、才干及其他方面形成的正常的社会评价，有权根据自己的优良行为而由特定社会组织授予积极评价或称号，他人不得歪曲、诽谤、诋毁和非法剥夺。

2. 受教育权

受教育权是学生最主要的权利，我国宪法及一系列法律都对此进行了规定。如《中华人民共和国宪法》规定：“中华人民共和国公民有受教育的权利和义务。”《中华人民共和国义务教育法》规定：“国家、社会、学校和家庭依法保障适龄儿童、少年接受义务教育的权利。”《中华人民共和国未成年人保护法》规定：“学校应当尊重未成年学生的受教育权，不得随意开除未成年学生。”

从我国有关法律法规来看，学校和国家在保证学生的受教育权方面负有重要责任。国家除了为所有学生提供正常的教育机会外，在义务教育阶段还要尤其关注贫困和残疾学生，使他们享受物质帮助权，如对贫困学生和残疾学生减免学杂费，设立帮困、帮残基金，实施奖学金、助学金、贷学金制度。对残疾学生国家还根据残疾人的特点为学生设立特殊的教育机构，给予特别的对待。学校无权因学生交不起学杂费或其他摊派费用，如建校费、校服费而让学生停学、退学或被变相开除。

（二）学生的义务

未成年学生作为法律的主体，在享有法律规定的各项权利的同时，也必须履行法律规定的各项义务。教师有责任教育学生了解自己的义务，履行自己的义务，如果学生在日常生活和教育活动中未尽义务或违反规定，由此造成的后果则应由学生自负。学生应尽的义务有：遵守法律、法规；遵守学生行为规范，尊敬师长，养成良好的思想品德和行为习惯；努力学习，完成规定的学习任务；遵守所在学校或者其他教育机构的管理制度。

学生的权利与义务是同时并存的，学生履行了自己应尽的义务，不仅为自己享受学生权利及自身的发展提供了保证，也为其他学生享受权利提供了条件。

三、当代中学生的发展特征

根据我国学制安排，在中学阶段，学生往往处于人生中最活跃、发展最快速的时期。时代的发展特征会映射在中学生身上，认识好、利用好中学生发展的时代特征，对于教师开展教学活动大有裨益。

（一）生理成熟期提前

有调查表明，因社会经济的发展和进步，我国中学生的身高、体重有了显著变化，在神经系统发育、性发育、体内机能等方面都呈提前发育态势。因此，针对中学生要开展适当的青春期教育，以迎合中学生特征。

（二）人生价值观趋向多元化

随着社会经济的不断进步和发展，社会变得多元化，成长于新时期的中学生的价值观念也出现了多元化的特征。随着网络信息媒体的普及，中学生也有了更多的途径和机会去接触新思想、新观念，他们不再盲从于教师、家长的观点，对很多事物也有自己的看法。这要求学校的教师要与时俱进，教师要努力打造有助于中学生成长的环境，提高教育的时效性。

（三）喜欢独立思考，勇于自我表现

当代中学生面对形形色色的信息，能够不被迷惑，对于社会热点和事件能提出自己的看法和观点，有着鲜明的个性特征，他们往往喜欢争辩，追求独立自由的个性。由于社会的包容性一直在慢慢扩大，他们的社会参与度与主人翁意识也在增强，他们喜欢竞争，喜欢表达自己的观点。因此，如何更好地激发他们的自我意识，使其产生积极作用，是初中教育应当关注和重视的问题。

（四）强烈的自尊需求

随着时代的进步和发展，人们的生活水平在不断地提升，这使得个体之间独立意识不断发展，当代中学生拥有独立的人格和强烈的自尊感，他们渴望能够得到身边人的尊重和理解。但是，由于这一时期他们还没有形成成熟的人格，有时候会产生思想情绪波动较大的情况，他们面对身边的情况可能比成人要更加情绪激动。教师应当认识到这一点，积极主动地疏导学生情绪，鼓励他们形成成熟稳重的个性。

四、初中生学习英语的动机特征

（一）初中生英语学习的动机特点

1. 中学生英语学习动机的多元化构成和动态变化

据调查，初中生在英语学习中学习表层、深层动机兼具，前者强于后者；他们比较重视英语的学习，重视英语成绩的反馈结果，掌握知识的动机远远超过表现知识的动机，但是不喜欢花过多的时间投入英语学习；另外，中学生英

语学习动机会随年龄和认知水平发生变化，初中生的英语学习动机强于高中生。

2. 英语学习动机与努力程度呈正相关

通过对初中生英语学习动机和努力程度两者的关系进行调查发现，英语学习动机越强的学生在学习英语中付出的努力越多。

3. 高分与低分学习者英语学习动机上存在巨大差异

在英语学习中，学习成绩较好的学生与学习成绩差的学生在英语学习动机方面存在差异：高分者深层动机强，对自己的英语学习充满信心，其在英语方面的努力程度远超过低分者。

（二）影响初中生英语学习动机的因素

1. 教师的自身素质

教师的自身素质对于学生的发展有着很大程度的影响，在某种程度上，学生的学习动机能否被激发出来就取决于教师的自身素质。经研究表明，有超过百分之九十五的学生将教师的自身素质放在重要位置，认为教师的素质能够影响一个学生的学习动机。在学生眼中，一个优秀的教师在自身素质方面应当具备如下品质：能做到课前准备充分，从多个角度全面思考问题，拥有过人的智慧；关爱每一个学生，和蔼可亲，并且一视同仁，做学生的良师益友；要有耐心并且细心，具有强烈的责任心；知识渊博，要对各个领域都有所涉猎；同时还要注重因材施教，根据学生自身不同的特点，对其有不同的教育方法。

通过学生们所列出的教师应该具有的品质，我们不难发现，在学生学习英语的学习动机里教师自身的影响力是多么大。

2. 学习的外部环境

学生在学习时的外部环境也是影响学习的一大重要因素之一。试想一下，如果学生在一个杂乱无章、阴湿寒冷的环境当中学习，会有一个好的学习效果吗？相信答案是否定的，学生的注意力可能会被分散，无法集中，这样一来也就无法完成正常的学习活动了。如果学习环境非常好，无疑是对学习的正向帮助。

3. 学生自己本身的学习成就感

学习成就感是学生在学习过程中获得的一种感受，能在一定程度上影响英语学习的动机。成就感因人而异，有的学生能够从学习的过程中快速得到成就感，比方很快记住了一个单词或者背下了一篇课文，但是有的学生相对而言比较迟缓，不能从学习当中及时获得成就感。当然，这和英语教师的课程设置也有比较大的关系。比如说，英语一直只学习be动词是很无聊的，但是一旦能读懂文章，就会发现其有趣之处，就会想挑战更难的文章。教师应当注意到这一点，根据学生的实际情况为他们提供一些帮助，让学生获得学习成就感。

4. 同龄人群的影响

在初中时期，学生还没有形成稳定的价值观念，很容易受到身边同龄人的影响，并且对同龄人的行为进行模仿。因此，学生是否具有较强的学习动机会受到身边人的影响。学生通常会因为性格、个性、爱好等因素自发形成一个属于自己的小圈子，不难发现这些小圈子的同学会有一些共性，有的很喜欢学习，有的对待学习则态度漠然。

（三）激发初中生学习英语动机的策略

学生的学习动机直接关系到学习效果，学生的学习效果也是衡量教师教学效果的尺度之一。教师应当充分了解、认识学生的学习动机，并采取一定的措施将学生的学习动机激发出来，让学生更加积极主动地学习。

1. 培养学生自身的成就感

学生也是普通人，需要在一个轻松愉悦的环境中学习。这就要求教师为学生积极营造一个轻松的环境，比如在给学生布置作业的时候应该把控住量，不能一次性给学生布置过量的作业，也要注重不能给学生布置过难的作业，如果学生不能按时按点完成自己的工作，就会失去学习的信心。教师要根据学生的实际情况，评估学生的实力，为学生布置一些适当的作业，只有这样才能帮助学生不断进步，进而激发学生学习英语的动机。

2. 营造舒逸的课堂氛围

学生学习动机的强弱受到教师所营造的课堂氛围的影响。为了进一步激发学生的学习动机，教师要积极为学生创造一个轻松愉快的课堂学习氛围，虽然教师在改变学生学习的外部环境方面存在困难，但教师是有余力能够营造轻松愉快的学习氛围的。

3. 关注学生的状态，及时提供帮助

教师在授课过程中，要时刻关注学生的状态，确保学生能够集中注意力投入课堂学习当中。为了充分调动学生的积极性，教师应当发挥自身优势，为学生创造条件，提供更多的思考空间和展示的机会。同时也要让学生之间充分交流探讨，完善自己的观点，借鉴他人的长处和优势，补足自己的短板。

第三节　师生关系的研究分析

师生关系是指教师在教学过程中和学生在学习过程中相互互动产生的关系，包括彼此所处的地位、相互间的影响关系等，是个体关系在教学活动中的反映。

一、师生关系的教育作用

在教学活动中，教师和学生作为参与者，二者缺一不可。教学活动的完成依赖于师生之间的持续交往和互动，因此，师生关系是教学活动中不可逃避的关系，要保证教学活动的正常运行就要维持良好的师生关系。

（一）教育教学活动顺利进行的必要条件

教学活动并不是只有教师的单方面输出就可以，更需要学生的互动，也就是学生积极主动地学来实现教学目标。学生对于教师所教授的知识并不只是一味地接收，他们也是独立的个体，有思想有独立的人格，他们也会做出自己的判断。学生对于知识的接收程度影响着教学的效果。良好的师生关系可以更好地让学生去接收教师所传播的知识，以一种更加积极主动的心态去面对教学过程；良好的师生关系也会激发教师教学的热情，教师会想方设法最大化地将知识输出给学生，完成教学任务。

（二）影响教师和学生学校生活质量的重要因素

在学校当中，师生关系是一种最常见的关系，师生关系是否和谐有序，关系到学校教学活动能否正常开展。不同的教师和学生之间存在着不同的交往方式，他们的师生关系也不尽相同，或有趣，或友好，或平淡。总而言之，教师和学生都是师生关系的密切影响者，谁都不能脱离了这样一种关系。如果师生关系和睦，那么在这段关系中的主体双方都会感受到一个轻松的环境，反之，如果师生关系处理不当，也会影响教师和学生在学校中的感受，更有甚者，会影响到正常的生活。

（三）是一种教学资源

良好的师生关系会给教师和学生双方都带来有利的影响，一方面可以提升教师和学生在学校中的实际感受和体验，另一方面会促进学生和教师互相交流探讨，促进学生的进一步成长。这种和谐的关系就像一堂生动的课程，于无形之中教会了学生什么是相互友爱、什么是互相尊重，是一堂无言的人际关系课。毫无疑问，这对于学生在以后道路上的人生成长也是有极大帮助的，良好的师生关系从本质上而言就是一种教学资源。

（四）能激发学生的学习兴趣

教师在开展教学活动前，要想让学生更好地理解自己，对学习产生浓厚的兴趣，就应当积极主动地与学生建立一种和谐的师生关系。曾经有人这么说：“衡量一堂课程是否成功，不是看学生取得了多好的成绩，也不是看有多少学生认真听讲，而是在课堂上是否存在着和谐有序的师生关系。”这句话充分说明了师生关系在衡量教学效果上的重要性。师生关系融洽，能在最大程度上让学生保持学习的积极主动性。

特别是那些学习成绩不占优势、不喜欢学习的学生，教师不应该放弃他们，而是要以一种平等的姿态去和他们进行交流，多站在他们的角度思考问题，了解他们存在的困难，并给出合理的解决办法，培养和提升他们的学习兴趣，促进学习的积极性。

相信如果能让学生感受到教师对他们的尊重和爱护，那学生也会在内心深处对教师存有感激，他们也会在以后的学习过程中加强积极主动性，从而进一步提高学习效率，达到事半功倍的效果。

二、师生关系的主要特点

因教师和学生在师生关系中各自占据不同的地位和作用，导致师生关系出现复杂性和多样性的特征。

（一）师生关系在教育内容的教学上是授受关系

1. 教学活动需要学生的积极配合和参与

师生关系在教育内容的教学上是一种授受关系，教师是教学内容的传播者，处于主导地位，学生是知识的接受者。因此，教师能否正确地处理这种关系在很大程度上影响了教学的质量和水准。在知识拥有量上，教师拥有量多，学生拥有量少；在积累的人生经验上，教师经验丰富，学生经验少。相较于学生，教师具备很大的优势，教师的任务是最大化地发挥自己的优势，让学生快速掌握知识，增长才干。但是，教师并不仅是负责输出自己的知识和经验，还需要学生积极主动的配合和参与，以发挥学生的主观能动性。

2. 学生主体性的形成，既是教育的目的，也是教育成功的条件

教育的目的是要培养全面发展的人才，培养个性活泼具有主人翁意识的个体，而不是没有责任心、消极萎靡的接班人；要想实现教育的目的，就必须调动学生的积极主动性，我们不能指望消极被动的教育能够培养出积极主动的学生。学生的发展并不单单是由教师的知识和经验的灌输得来的，更多是需要学生从内心深处自发地去追求知识，积极主动参与师生互动，实现个人全面发展。

3. 对学生指导、引导的目的是促进学生的自主发展

教师应当帮助学生，让学生的知识面由狭窄变为宽广，让学生实现由不成熟向成熟方向的发展，最终形成独立学习、判断和思考的能力，而不是将所有希望寄托在教师的指导上。时代日新月异，社会在不断发展进步，学习的重点、道德的标准尺度、社会价值取向都在不断地变化和发展，世界发展最大的变化就是多元化。学生在学校学到的知识可能会随着时间的变化而变化，但我们必须认识到，培养学生的独立自主意识尤为重要。

（二）师生关系在人格上是民主平等的关系

教育活动的特殊性在于其工作对象，即学生，都是具备丰富情感、具有个人独特思想、会思考的社会个体，师生关系也属于社会关系的一种，具备和其他社会关系共同的特征。要维护好师生关系，教师应当提高自己的思想认识，认识到自己和学生都是社会中平等的个体。

在教学活动中，教师和学生都是有思想、有感情、有主观能动性的个体，教学活动中最基本的关系是师生关系，良好的师生关系会给双方带来诸多好处。要建立教学活动中良好的师生关系，教师在思想上应当有以下的认识：

1. 学生具有和教师平等的地位，是社会中独立的个体

作为社会中的一员，学生和教师一样，享有平等的社会地位，能够享受社会人应有的权利，有自己应尽的义务。在教学活动中，学生和教师相互配合、相互协作，共同完成教学任务。教师和学生应当相互尊重、相互理解。只要教师在思想上将学生视为和自己处于平等地位的个体，积极地满足学生成长过程中的各种需要，才能促进学生学习水平和能力的提升，促进学生成人成才。

2. 师生间最好的关系，是严格要求的民主的关系

在传统教学中，强调“等级观念”，将师生放在一个对立面，强调教师在师生关系中起主导作用，这种观念会让学生产生厌学情绪，面对学习，不再抱有积极进取的心态，最终导致师生关系走向破裂。随着近现代教育思想的发展和进步，师生关系中“学生为主体”的观念被放到了核心位置，师生关系逐渐有了缓和，以学生为主体并不是将学生放任不管，任其自由发展。因此，严格要求的民主的师生关系是对双方都有利的一种关系，是相互配合、相互协作的关系。这种师生关系有助于学生的发展。

（三）师生关系在社会道德上是相互促进的关系

1. 师生关系在本质上是一种人与人的关系

在本质上，师生关系是人与人之间的关系，是平等的社会个体之间的关系，但是在一些学校的教学活动中，师生关系演变成为人与物之间的关系，严重破坏了师生关系的生动性和活泼性。一些西方国家的学者将教育视作经济活动，将教师教学活动等同于贩卖知识的活动，将师生关系与买卖关系画上等号，这种错误的观点将教学活动和师生关系引入歧途，使师生关系失去道德上的规范。从教学活动出发，师生关系凝聚着教师的教和学生的学，是教师和学生互动交流的关系；从社会层面看，师生关系是教师与学生之间在思想、情感上的互相碰撞和交流。学生最终会形成怎样的人格，和家长、教师、社会等方面存在着密不可分的关系。

2. 教师影响学生的思想和人格

教师的最终目的是教书育人，在教学活动中，教师将自己作为教学工具，将自己所具备的知识、能力、经验传授给学生，通过师生间的交流互动让学生吸收知识，获得经验。教学活动有其基本规律：教学的教育性。值得注意的是，教师对学生产生的影响，一方面在于能够增长学生的知识和认识水平，另一方面在于能转变、改进学生的思想和人格。这要求教师不仅要具备较高的专业知识素养，还应当具备较高的道德水平和人格素养。

三、师生交往中的心理学问题研究

（一）开展教学活动以师生交往为基本前提

教师所开展的教学活动也属于人类的社会活动。马克思认为，人类的社会活动存在于一定的社会关系之中。社会关系的形成基于人与人之间的交往活动，这表明，如果人与人之间不交往，人类社会活动也不会产生。因此，在学校教育中，教学活动的实施者和接收者之间应当开展交往活动，这是教学活动得以开展和持续的前提。通过师生间的不断交往，师生关系得以联系和维持。我们可以这样说：学校、班级都是一种社会团体，教师和学生在其中互相交流、互动，维系该社会团体的发展。

事实上，在学校组成的社会团体中，参与者不仅仅是教师和学生，还有家长、从事教育工作的相关人员等，参与者是比较广泛的，但最为基础和重要的就是师生间的交往。

在学校中，开展最为广泛的活动就是教学活动，教学活动最基础、最主要的体现就是教师在课堂的教学活动。在课堂中，参与的主体双方就是教师和学生，这其中有教师和学生、学生与学生的互动交往，虽然学生和学生之间的互动交往最为频繁，但仍旧受师生交往的调节和指导。学校中的其他社会关系，其存在都已师生关系为前提条件，同时，这些关系在交往内容和深度、交往频次上都比不上师生关系。因此，学校教育活动可以说是以师生交往为基本前提的。所以在研究学校中的人际关系与交往问题时，应特别重视对师生交往的研究，而在研究师生交往的问题时，又应特别重视对教学过程中师生交往的研究。

交织在教育活动中的师生交往不同于一般人们的交往，它要达到一定的教育目标。这个目标之一是改善交往本身，包括改善师生交往本身。事实上，学生若未能在与教师的交往中掌握基本的文化知识和科学道理，形成各种专业能力，就不能与社会（包括教师）进行更为有效的交往。师生交往是学生占有人类历史发展成果的最重要条件，而这种占有又是进一步发展交往的基础，学生不懂得语言、数理法则和社会知识，就不能在课堂中、在科技活动中、在更广泛的社交场合与他人协同合作。因此，学校的基本任务是通过师生交往，帮助未来的建设者学会如何交往。这也就要求课堂中的师生交往得到不断的改善。这个改善首先是教师的责任。因为教师受过专门的培养训练，有更高的交往技能，而且他们是课堂活动的领导者，能影响课堂的交往气氛。

由于师生关系也属于社会关系的一种，因此，师生之间关系的和谐、进步也能推动社会的发展和科技的进步。反之，社会发展和科技进步也会推动教学事业的发展，如促进教学改革、师生交往方式方法和工具的改革等。如视听教育的运用和启发式教学方法的提倡都在一定程度上改善了师生在课堂中的交往效果。为了进一步改善师生交往，还有必要探索师生交往本身的规律，研究师生交往的各个侧面，如师生交往中的信息交流、相互知觉和相互作用等。

（二）师生交往中的信息交流

1. 师生信息交流的过程和手段

在教学活动中，师生不断地交流着概念、观点、情感、意向和兴趣，所有这些交流内容都可看作信息。因此，师生的交往过程也可看作信息交流过程。师生信息交流的过程可分解为以下因素：

（1）信息的发出者

在教学活动中，教师是发出信息的主要人物，当然，学生有时也会发出信息。

（2）发出信息的主要内容

信息的主要内容是围绕教学大纲和教材规定的内容展开的。

（3）信息交流的手段

传递信息要通过符号系统。师生信息交流的符号系统，可分为两大类：一类是语言符号系统，一类是非语言符号系统。语言符号系统又分口头语言和书面语言两种。在教学中，主要运用口语，同时也会运用一些书面的，如参考资料、书面的作业和试题。非语言符号系统，主要是运用视觉—动觉系统的表情动作，也要运用非语言因素和时间空间组织作为交际的符号系统。

（4）信息的接收者

一般情况下，信息接收者都是学生，当然教师也需要接收学生发出的信息。

2. 师生口头交际中的障碍

师生信息交流最基本的方式是口语交流，不管是在课堂上还是课堂外，教师使用最多的交流方式是口语。事实上，口语在信息交流方面占据着很强的优势，教师可以选择在不同的时间和场合，通过口语向不同水平的学生发出各种信息，当学生在理解信息方面有障碍时，教师可以通过及时调整最终达到信息传播的目的。然而，口头交际并不是万能的，有的学生在英语成绩方面不理想，可能是因为对于教师所传递的口语信息无法做出正确的理解，这时，口语信息交流障碍就变成了一个不得不面对的话题。

所谓信息交流的障碍，就是在交流过程中，教师发出的信息，学生不能接收或理解错误，也就是得不到交流的效果。障碍的因素可能有以下几点：

（1）师生难以用同一种口语交际

使用言语符号交流时，只有在师生言语发音、含义和构造都为双方所熟知的情况下才能发挥好言语交流的作用，交流过程才会变得顺利。在我们国家，除了普通话之外，还有很多地方性语言，相同的地方性语言在不同地方有着不同含义，如果师生在交流时使用方言交流，会不可避免地导致交流障碍的出现。同时，即使师生之间使用同一种语言交流，也可能会因为没有掌握统一的意义系统而产生歧义，这就要求教师灵活应用语言，深入浅出，确保学生能够理解。

（2）信息交流可能发生操作误差

教师在发出信息时要做如下智力操作：理解信息含义—进行信息编码—用语言输出。而学生在接收信息时的智力操作过程则是：感知教师发出的语言符号—进行信息译码—领会信息含义。我们可以看到，教师发出信息和学生接受信息的操作过程是不相同的。教师发出信息是属于编码的过程，具体体现在先有信息含义，再有语言；学生接收信息属于译码的过程，具体体现在先有语言，再有信息领会。在信息交流的这两个环节中，出现任何差错都会导致交流遭遇困难，影响交流效果。

（3）师生双方的个性偏差

师生在性格、能力方面存在的差异也会影响交流。比如教师的语言表达快，性格比较急，但学生反应比较缓慢；学生胆子小、容易害羞，不敢和教师交流；学生对教师有偏见，不愿意接受教师的教诲等。师生应当加强交流，避免因沟通不畅而产生阻碍。

（4）社会、政治观点的差异

在政治道德的教育过程中，有的学生已形成对教师观点的消极看法，这样教师发出的信息就难以被学生接收。要想解决好这些问题，教师就应当学习一些心理学、教学心理学知识，改变学生对自己的错误看法。

3. 非语言交际系统的运用

语言系统虽是师生信息交流的主要手段，但若不补充使用非语言系统，师生的信息交流就会变得不完全。

信息交流的非文字口语系统，首先是视觉—动觉系统的符号，包括面部表情、手势和体态。

人体各部分的动作反映着一个人的情绪，而教师的教学情绪与学生的学习效果有直接联系。丹东师专教师的实验表明，教师以高兴、愉快的情绪教学，从幼儿园、小学到初中，学生当堂的学习效果与以一般情绪教学相比，最多提高16.8分；反之，教师以不高兴、低沉的情绪教学，当堂效果最多降低30.7分。教师积极情绪产生学生相应情绪的共鸣，能转化成学生积极学习的心理动力。所以，赞可夫说："教师在自己的实际工作中，就应当直接依靠以至利用情绪体验，以便学生有效地掌握知识和技巧。"这就说明，教师掌握非语言系统这个信息交流的手段，能大大提高师生口头交际的有效度。

事实上，教师在课堂上都会运用各种非言语动作，将信息输送给学生。这些动作种类很多，有象征性动作（如挥拳示意坚决），赞赏性动作（如微笑、轻拍肩头），指示性动作（如用手势让学生起立或坐下），暗示性动作（如点头表示同意），权威性动作（如皱眉表示批评），情感流露动作（如面部快乐、生气、不耐烦等表情），下意识动作（如讲话时摇头、摸下巴），等等。

非言语动作有积极作用也有消极作用。积极作用方面，可以加强口语的力量，使口语形象生动，代替或补充口头言语，引起学生注意，激发学生的学习兴趣和热情等。消极作用方面，教师肢体语言过多，容易使学生注意力分散，影响学习效果。

眼睛是非言语行为的主要工具，“以目传神”表明目光接触的特殊交际功能。在课堂上，教师的目光是其好恶的反映。教师注视学生可使学生感到自己被重视，既可产生友好、亲密感，也使学生愿意在教师视觉控制下学习。反之，教师在课堂中面对黑板或不看学生一眼，会加大师生感情的距离，信息交流的效果必大为降低。

非言语系统的符号，还包括说话的音量、音速、音高、音色等副言语因素，信息交流的时空因素（如师生交谈的距离、座位编排、讲课是否准时开始结束等），这些都应全面考虑。教师只有多方面学习信息交流的技术，才能完善教学艺术。

（三）师生交往中的相互知觉

1. 相互知觉的含义和在交往中的作用

师生间的相互知觉是指师生在交往过程中产生的对自己和对方的认识和理解，是师生交往关系中的一个方面。相互知觉影响教学活动的开展，具体表现为以下两个方面：一是有助于实现教学目标，能在教学活动中及时调整各个环节。美国的奥杰曼与威尔金森曾经做过相关比较研究：他们用能力相当的班级做对比实验。教师对实验班的学生进行了调查分析，然后根据其需要、能力、学习经验和学习成绩、求学志愿、身心健康状况等制订教学计划（包括确定目标、选择教材、拟定方法和适应个别特点等）；对另一班则只是凭经验按传统教学方法授课。一学期终了时，两班接受同样的测验，结果实验班不仅学业进步快，且学生的心态更积极向上。二是对师生关系产生影响。教师和学生进行互动相互了解时，会对对方的行为表现做出反馈性行为，比如吸引对方或者排斥对方，这种行为会影响到师生之间的关系，从而建立起和谐或者冷淡的关系。

在教育实践中，教师也都体会得到，教师不了解学生，就难以尊重学生和恰当处理学生的事，即使自己有一颗帮助学生进步的心，也很难心想事成，甚至遭到学生的反抗。师生都发自内心地期望对方正确了解自己，但对方往往做不到。

2. 师生相互知觉的过程和机制

师生的相互知觉产生于教学实践活动中的师生交往行为。师生交往时，都要互相发生作用，互相得到反馈信息。师生就在作用和反作用中进行自我认识和相互认识。在这个相互知觉过程的一般模式中，师生双方都会以如下几个形象出现：

一是实际存在的教师与学生的形象，这是客观的。

二是师生各自看到的自己的形象，即各自的“我观”，这是主观的，与第一点所说的客观形象不一定一致。

三是教师心目中的学生形象和学生心目中的教师形象。这也是主观的，它与前面两点所说的形象都可能脱节。

四是教师猜测学生心目中自己的形象和学生认为教师心目中自己的形象。这就更为主观了。

这个模式表明，在自我认识和相互认识中，师生分别都有四个形象存在，后三个形象虽然都在第一个形象中产生，但不一定相同。在这个相互认识和理解的过程中，真实的教师—教师自我观念中的教师—学生观念中的教师—教师猜度学生观念中的教师，真实的学生—学生自我观念中的学生—教师观念中的学生—学生猜度教师观念中的学生，其中间的脱节现象越少，师生交往的成效就越高。例如，某学生本来成绩不佳，态度也不积极，学生能够认识到自己的缺点，教师把他作为后进生进行特别对待，学生也了解教师把他看作后进生。这样，在教育过程中的师生交往就会协调有效。还有另外一种情境，某学生实际存在表演才能，他却认为自己有领导天赋，教师把他看作好表现的个人主义者，而学生猜度教师视自己为坏人。这样的感观冲突会导致在师生交往中发生危机。

在现实教学活动中，虽然教师能够自发地对自我和学生形成特定认识，但是这种认识并不一定准确、到位。在师生关系中，教师可能会对学生产生不当的认识，比方教师往往对自我的认识高于实际情况，忽略或无视优等生的缺点，看不到后进生的其他优点，过高地评估学生对自己的爱戴和满意程度等。

3. 人际知觉效应

为了把握人际知觉的规律，我们要进一步分析人际知觉效应对师生相互知觉的影响。为了预测师生相互知觉是否顺利进行，必须考虑社会心理学揭示的人际知觉的各种效应。主要有以下几种：

一是成见效应。苏联A.鲍达列夫在一个实验中，把同一个人的一张照片给两组大学生看，然后要求学生口头描述照片上的这个人。在第一组得到的是这样的描述：深陷的双眼隐露凶气，高高仰起的下巴显示了他在犯罪时“死不回头”的决心，等等。而在第二组，还是这双“深陷的眼睛”，却流露出深邃的思想，那“高高仰起的下巴”表示了他在求真理的道路上克服困难的意志，等等。同一个人的照片何以描述得如此相异呢？原来，在看照片之前，主试告诉第一组大学生这是一张恶习难改的罪犯的照片，告诉第二组大学生这是一位著名的学者。美国也有类似的实验。这就是一种“成见效应”。由于知觉者对被知觉者已存在的形象起着“成见”作用，妨碍了对被知觉者的真正特点的知觉。这种效应往往会导致对一个人产生不准确的知觉。

师生双方都会对对方有先入之见。学生过去的表现和档案中的材料，教师需要了解，但如果不结合学生的实际情况，那就不能正确而全面地认识学生。学生也有对教师的成见。学生在未与教师接触之前，早已听到家长、群众、上届学生对某教师的评论，而且褒贬不一。因此，各学生对同一教师所形成的主观形象会出现较大偏差，对教师同一言行会有显然不同的反应。教师应知道这种“成见效应”，对自己要有稳定的自我概念，自若地应付这种局面。了解了“成见效应”的规律，学校有关人员和教师应当利用好它，让“成见规律”为学校教师服务。例如可以采用多种方法，让学生对尚未谋面的教师留下好的印象，这对以后教学活动的顺利开展能奠定坚实的基础。

二是首次印象效应，指交往双方第一次接触后的所得印象，对人们形成对人或事物的总印象具有较大影响，即“先入为主”。教师应当重视“首次印象”的重要作用，利用好“首次效应”可以消除学生对自己可能存在的偏见，也能够在很大程度上影响学生对教师的态度，以导致新的看法的出现。在初次接触教师时，学生都会有意或无意地想去探清教师的“底”。例如，学生在想：“他有多大本事?”“他能给我们多少自由?”如果教师第一次讲课结结巴巴，不能自如地对付学生的提问，学生便会对教师产生不好的印象。如果教师对学生表示“你们以后可以做自己要做的一切事”，学生会以为教师不会计较学生的不当行为，因而表现得任性和放肆。学生一旦形成了对教师的首次印象，在这之后不管教师产生怎样的行为，都只会对学生脑海中对教师的印象起到加固作用，却不能转变已经形成的印象，因为学生在初中阶段往往还不具备否定首次印象的能力。

三是定型效应。定型效应类似于刻板印象，是指对某个人或者某些特征形成固定的印象后，很难转变对这个人的固定看法，即使这个人真的发生了巨大的变化还是对他保持着先前的看法。定型效应会导致偏见或者不正确的认识，比如有的教师会将大耳朵视为学生聪明的标志。

（四）师生交往中的相互作用

1. 课堂中师生相互作用的类型

课堂中，师生通过交往相互影响。师生交往是在教师根据教学目标开展教学活动过程时对学生产生一定影响的过程，这个过程中不仅仅是教师给学生传递信息，学生也在向教师反馈着一定的信息。作为课堂的主导者和推进者，教师应当注重学生的课堂体验，及时了解学生的需求，在和学生进行互动的过程中，教师应当明白，师生之间发生意见分歧是很正常的事情，重要的是如何尊重差异，达到教学效果最优化。

美国的林格伦在《课堂教育心理学》中认为，课堂中师生的相互作用有四种不同类型：

第一种类型，教师跟全班学生仅保持单向交往，它是传统课堂教学中的师生交往样式。教师把教学等同为传授知识的过程，在课堂中，教师只需向学生传达信息，而不需要学生即时给出反应，学生只是信息的接收者。当然，在有效的教师对学生的单向作用中，学生不完全是被动的。学生只有主动并准确地接收教师发出的信息，并即时进行多层次的意义译码，信息传递的继续进行才有保证。但是，在这一交往类型中，信息传递会受到教师传播信息能力和学生接收信息能力的限制。如果教师有威信又能根据学生特点，做既富于吸引力又有科学性的讲述，而学生也能主动获取并领会教师发出的信息，又能通过智力加工把信息纳入自己原有的知识体系，那么师生交往也可能是有效的。这时，学生外静内动，思维活跃，是以教师为中心的传统课堂交往样式的理想状态。但由于这是单向交往，很难达到理想效果。少年儿童有发展口头交往的需要，无视这种需要，也就切断了儿童智力发展的最好途径。其最好的结果也只能把学生塑造成内向的“书生型”人才，适应不了现代社会发展对人才的需求。何况，单向交往样式的讲课有点像电台广播，学生不但在总体上是被动的，而且完全可以不予理睬，甚至做别的事。如果学生在课堂中各行其是，则师生交往毫无效果可言。

第二种类型，相较于单向交往有了一些改进，教师跟全班学生发生着来回的交往。有时，表面看来是教师讲学生听的单向交往，但是学生却以姿态举止等表情动作向教师发出了信息："我对你的讲解感到满意""我同意（或不赞成）你的见解""对你的讲解我迷惑不解，请说得再清楚些"。这就使交往成为双向过程。当教师要求学生做出回答，或学生主动提问，或学生发表见解时，口头交往就展开了。教师还用做书面作业等文字交往办法，增加师生双向交往的机会。

第三种类型，师生交往有了进一步改善，教师不但跟学生保持来回的交往，而且也允许在学习范围内有学生之间的交往。在以教师为中心的课堂中，学生之间发生相互发问或交换感受的举动是极自然的。某中学实施教学改革，把学生讨论作为教学过程的组成部分，收到了良好的效果。

第四种类型，为课堂中的相互作用打开了更多的渠道，教师和学生都作为集体中的一员，进行来回的交往。在课堂中，这种交往主要指讨论法。社会心理学有许多实验证明，为了直接对被试的态度、信念和行为发生影响，让他们通过集体讨论得出结论，比听取专家讲演的效果要显著。科学家也反映，是那些鼓励学生参与集体讨论而且非常关心学生主动学习和独立学习的教师，促进了他们成为科学家。这表明，如何改善师生交往中的相互作用，让学生卷入学习，是教学改革要研究的重要课题。

当然，把师生交往类型绝对化不一定是最好的策略。因为各种类型只有在适当的情况下运用，才有最大价值。不过正如教育心理学家指出的，教师往往有一种唠叨地讲多余的话的癖好，这不仅很浪费时间，还助长了学生对听课的淡漠和消极心理。因此，发展师生双向和多向的相互作用总的来说还是有益的。

2. 师生交往中的冲突

师生在交往的相互作用中，虽然一般都比较和谐，但冲突总是免不了的，甚至会发展出现相互殴斗和学生杀害教师的情况。师生冲突产生于双方在目标、规则和态度上的矛盾。

从教师方面看，由于教师在教育情境中，有比学生较高的地位和权力，会倾向于运用权力主义者的办法，致力于对学生的控制，甚至滥用权威，体罚和侮辱学生人格。有的教师对学生态度粗暴，嘲讽、挖苦、训斥、恐吓，等等。这些方法可能使学生顺从，也可能令学生逆反。学生逆反的结果，有的趋向自卑或逃避学校生活；有的趋向反抗或寻找报复机会。

多数教师与学生发生冲突是由于好心，或对学生要求过高。教师作为学生的指导者，社会各界对教师的期望很高，尤其是在片面追求升学率的情况下，行政上的许多措施使教师比别的职业更容易受到公众的检查。教师由此增加的心理压力，自然而然地会传递给学生。于是，教师对学生的期望和压力往往要超过学生的实际水平和承受力，因此也会引起学生的误会和反感。而优秀教师会依靠渊博的知识、熟练的业务和实际的威信，积极探索符合学生成长规律的方法，从根本上防止冲突的产生。

从学生方面看，师生冲突有学生个体和群体的原因。有的学生在加入新班级前，曾在生活中受过某种斥责和惩罚，仇恨一切有权威的人。教师在教育活动中，因要扮演执法者或“警察”的角色（如决定升留级、对学生实施奖惩、裁决学生的纠纷），很可能成为学生仇恨的对象。如果教师此时能以耐心克制自己，平静如常，继续以一个教师、朋友、辅导员的身份与学生交往，就能消除学生内心的敌对态度；如果教师以防御或报复行为来“回敬”这些学生，则师生冲突就不可避免了。

师生冲突还因学生群体的压力和教师的要求发生矛盾而产生。每个学生都是学生群体的成员，群体的准则和规范对学生个人的态度会产生影响。当教师的要求与学生群体的准则有冲突时，学生往往屈服于群体的压力而不执行教师的要求。因为他不如此做，学生群体就会认为他是“教师的宠儿”“忠实的门生”或“群体的叛徒”，在心理上将他开除出群体。在实际中，我们发现某学生若按教师要求把群体中的不轨行为（如违纪事件）偷偷报告教师，其就有可能被视为“告密者”而遭到伙伴的孤立。这是群体消极的自卫力量，是群体没有成熟的表现，它会妨碍学生个人和群体的成长，教师要正视师生冲突的这种因素。教师如能将群体发展为集体，使教师的要求变为集体的目标，并运用集体舆论来实现教师对学生的期望，就能缓解师生间的冲突，师生交往就会有更大的成效。不过，从现实及发展趋势看，师生冲突仍是学校教育中不可忽视的问题，研究师生冲突的规律，寻找预防、缓和、解决冲突的办法，是教育心理学的一个任务。

四、构建良好师生关系的基本策略

将“教学”二字拆开解读，不难发现“教学”是“教”和“学”的组合，教学这一动作伴随着教师的教和学生的学，只有保持师生关系和谐融洽，才能调动学生学习的积极性，使其形成良好的学习习惯。师生关系和谐融洽，学生才能无拘束地向教师提问，表达自己的真实想法。所以教师在授课过程中，应当注重自己的形象，确保言语活泼有趣，多了解学生的情况。

构建良好的师生关系，前提是教师和学生之间的互相了解和认识。实践表明，掌握学生的基本情况和思想动态是师生和谐相处的前提之一，学生对于教师的了解程度往往决定了他们对教师的信任程度，这也会影响他们学习的积极主动性。

实践表明，学生如果喜欢教师，他们在这位教师的课程上往往会取得较好的成绩，相反，学生对于教师比较讨厌，他们也不会对该课程提起兴趣，甚至会有抵触情绪的产生，该科目也无法取得好成绩。因此，教师应当认识到，师生之间不单单是知识的传授与被接收之间的关系，教师要真正地融入学生之中，了解他们的情绪和想法，站在学生的角度去思考问题，用心、真诚地和学生交流，切实增强自己和学生之间的亲密关系。与此同时，对于学生出现的错误，教师要进行分析，用正确的方式纠正学生的错误，而不是不分青红皂白将其一顿批评，更不能伤害学生的自尊心，打击他们学习的积极性和主动性。只有这样，才能确保师生关系的和睦以及和谐。要培养和谐的师生关系，教师还应当从以下几点入手：

（一）了解和研究学生

教师和学生在教学过程中处于完全不同的地位，教师是知识文化的传递者，学生是知识文化的接收者，师生之间往往存在较大的年龄差距。两者看似差别很大，泾渭分明，但是教师和学生还是可以建立起共同语言的，这就需要教师站在学生的角度思考问题，了解学生最基本的情况，如需要、智力水平、爱好、身体状况等，还需要了解学生的思想动态，如学生最近遇到了怎样的问题、有着怎样的想法等。只有这样，教师才能真正地了解学生，走入学生内心深处。

（二）尊重学生，公平对待学生

教师和学生在教学活动中扮演的角色虽然不同，但是他们的地位是平等的。据调查，现代中学生公认的受欢迎的教师品质有以下几种：才华、宽容、乐观等。教师必须认识到学生也是和自己一样，都是平等的个体，都有被尊重和认可的需要。教师也要尽力为学生营造轻松愉快的学习环境，在轻松、平等、互相尊重的教学环境中教给学生知识。

（三）善于与学生交往

所有人际关系的构建都需要良好的沟通协调，师生关系更是如此。教师和学生的关系具有多个层次，这使得教师和学生在沟通上更加困难，容易导致冲突。所以，教师要掌握一定的人际交往的技巧和策略，结合学生自身情况，加强与学生的交流沟通，可以利用多渠道进行沟通，如面谈、书信、家访等。

（四）提高自我修养，健全人格

教师个人的人格对师生关系有很大程度的影响，想要构建和谐良好的师生关系，教师要从提升个人修养、人格魅力出发。在教学具体实践中，教师要做到：一是确保真诚地对待每一位学生，将自己的真实想法表露给学生，做到言行一致；二是从内心深处去爱护每一位学生，哪怕是差等生，身上也有值得他人学习的亮点，教师要善于去发现学生身上的优点；三是严格自律，严格自己的行为规范，确保自己的行为符合教师职业道德规范。

第四章　初中英语课堂教学风格的影响因素

第一节　课堂小活动对教学风格的影响

在教学实践活动中，大量案例表明，学生在课堂上的参与率越高，对知识的掌握也越牢固。如何提高初中学生在英语课堂中的参与率呢？那就是，设计好学生喜欢的课堂小活动，吸引学生的注意力，打造轻松愉悦的课堂氛围，让学生快乐学习。初中英语教师要想让课堂发挥更好的效果，不能忽略课堂小活动对课堂教学风格的助推作用。可以毫不夸张地说，恰当地利用好课堂小活动，能达到事半功倍的课堂效果。课堂小活动有很多种类，常见的有：英语歌曲、英语顺口溜、舞蹈、有特定韵律的节拍等。有效的课堂小活动的使用，能使课堂更加生动，很大程度上吸引学生的注意力，调动学生的学习积极性。

一、初中英语教学中常见的课堂小活动

（一）趣味类小活动

1. 机智幽默给学生台阶下

在初中英语课堂上，学生有时可能会处于尴尬的境地，如果教师能机智地扭转这种局面，会拉近师生的关系，为教学铺设一条良性沟通的桥梁。

如笔者在教室的讲桌前批改学生的英语作文时，发现A同学所写的作文，里面逻辑混乱，有很多错词、错句，笔者一边阅读，一边用红笔将错误的地方标记出来。批改后，笔者将A同学叫到讲桌前，让A同学看自己都有哪些错误。

A同学挠挠头，不好意思地自言自语："唉哟！怎么全错了？"这时笔者摇摇头微笑地说："不，还有对的！你看这一处没给你标出来的地方就是合适的。"说完，全班同学都会心一笑，这种课堂教育方式达到了幽默的效果。

在本案例中，笔者以幽默的语言，尽管用肯定的形式"还有对的"，但否定的成分多，使学生认识到自己的不足和错误，并在笑声中接受了教师的批评，也会在笑声中下决心改正错误。

第二次作文面批时，笔者拿着A同学的英语作文本，边往开翻，边开玩笑说："这次作文全写错了吗？"A同学会意，笑着对笔者说："不，还有对的！"两人会心大笑。A同学这次作文写得很好，只写错了个别几个词，笔者还将这篇作文作为范文在班上读了，让大家讨论。

上述案例取得的良好教育教学效果，是笔者成功地运用机智教育得来的。案例中笔者在评价时没有责备和批评，只是非常机智地说"不，还有对的"，就让学生意识到自己的不足，并改正过来。

2. 调侃批评学生，调节教学氛围

调侃式否定评价是借助幽默诙谐的语言，巧妙地对学生的不足或违纪行为进行批评，目的是引起学生的高度注意，并改正自己的错误。对于这样的否定评价，教师没有居高临下、煞有介事地说教，只是像朋友之间开玩笑。

如，在以下英语练习中：

A:What does he like to do?

B:He likes to play football.

在教上述对话时，为了让学生注意到"like"的词尾加了-s，变为"likes"，笔者故意提高声音，拖长语调，进行了着重强调，观察全班同学的反应。大家都注意到笔者强调的部分，只有B同学在走神，心不在焉，根本没有听笔者强调的内容。

笔者反过来提问：

What does he like to do, B?

B:He like to read a book.

同学们低声说不对，B同学才知道是自己没有认真听讲。

笔者笑着用调侃的语气对B说："你知罪否？"

B同学会意："臣知罪。"

笔者又说："该当何罪？"

B同学答道："臣犯的是少加-s之罪。"

笔者又问："愿受何种惩罚？"

B同学答："臣愿唱一首英文歌曲，以谢天下。"

在初中英语课堂教学中，学生往往会犯一些错误，当然了，犯错误也是很正常的事情，人无完人，更何况是正处于人生关键时期的少年时代的中学生呢？这些学生或是上课注意力不集中，或是迟到，或是在知识的掌握方面容易马虎、张冠李戴等，作为初中教师，要正确看待，不要揪着学生某一过错不放，更不要对犯错误的学生冷眼看待，打击学生学习的积极性。

教师应采用一种温和的、平等的方式对待学生，把学生当作朋友，对学生的错误能够心平气和地指出来，让学生正确认识自己的错误，并发自内心地想纠正错误，这样的教育方式要更好一点。

3. 顺口溜小活动

如通过模拟动物叫声记住有关动物的单词，可利用如下顺口溜进行：

dog dog汪汪汪，cat cat喵喵喵；

duck duck嘎嘎嘎，monkey monkey尾巴长；

panda panda是国宝，rabbit rabbit跳一跳；

pig pig睡懒觉，bird bird展翅飞；

bear bear高又壮，elephant elephant鼻子长。

再比如关于介词的使用方法，可熟记如下顺口溜：

年月周前要用in，日子前面却不行。

遇到几号要用on，上午下午又是in。

要说某日上下午，用on换in才能行。

午夜黄昏用at，黎明用它也不错。

说过只用past，说差可要用上to，

多说多练牢牢记，莫让岁月空蹉跎。

（二）肢体动作类小活动

1. 表演魔术小活动

一堂课有40分钟，对听不懂教学内容的同学就显得更加漫长。在课堂上给学生表演一些小魔术，如同暑热中的清凉一般，学生的兴趣会马上被调动起来。

如在教学生认识理解介词的使用方面，要教会学生使用“on”“in”“under”等介词，运用这几个方位词描述物品的位置，并增加where疑问副词的运用、be动词的变化规律等。这与魔术的特点非常吻合。课前，教师精心设计加入魔术活动的教学过程，认真准备道具。课堂上，教师出示一些有名的魔术师照片，为课堂增添气氛。如果可能的话，教师还可以在服装上精雕细琢，为课堂增添几分神秘色彩。接着，一把普通的钥匙、一个随处可见的盒子（教师改装过的道具）、一块小巧玲珑的手帕，加上教师熟练的动作和绘声绘色的描述，这样的教学会让课堂充满生机与活力。教师在表演时要明确本课的任务与目标是什么，一边演示一边用英语解说，关注重点词、关键词、主要句型、主题句的练习，要求学生参与练习。可以演示和提问同时进行：“Where is the key? Is it in the box? Is it on the desk? Is it under the desk?”在此期间，引导学生一边观察一边根据实际情况回答：“No, it isn't. It's not in the box.”由于学生对魔术充满了好奇，非常想找到答案，即使在寻找的过程中反复地练习重点词、主题句也不会觉得枯燥无味。在这个环节中，有的学生站起来跟着寻找；有的学生睁大眼睛拭目以待；有的学生面面相觑，猜测钥匙的位置。最后，教师秘密打开机关，展示结果，学生就会大胆而又准确地说出：“It's in the box.”接下来，将这一环节所说的重点单词、句型进行展示、回顾、小结，这样学生基本上了解了由where引导的特殊疑问句的单数形式，还能做简单的回答；对于含有“in”“on”“under”等介词的一般疑问句，学生也有了初步的认识，并能做出快速的反应，做简略回答。

魔术是大家都喜欢的节目，学生更不例外。教师把魔术活动与教学内容很好地结合起来，让学生感到这堂课很有悬念和吸引力，从而对整个教学活动产生浓厚的兴趣。

2. 乒乓球实验小活动

课堂教学中，当学生注意力不集中时，可以把小实验与教学内容结合起来，使学生的注意力集中起来。

在课堂上，判断学生注意力是否集中很简单。如教师会在课堂上发现有的学生向窗外张望，有的交头接耳、窃窃私语，他们的注意力已游离到教学之外了。直觉告诉教师，不能平铺直叙地往下讲了，要采取点措施。

教师拿出一个吹风机（借机教授单词“air blower”），向空中吹风，并拿出一个乒乓球，问学生：“What’s this?”学生回答：“It’s a Ping Pong.”教师说：“Yes.”

“大家猜想一下，我把这个乒乓球放在吹风机口吹风，球会如何变化？”（“Can you guess if I use the air blower to blow this Ping Pong, what will happen?”）

有的学生说乒乓球会被吹飞，有的说会马上落地，有的说球会在空中转动。

教师说：“好，我们来一起看一下。”（“Ok. Let’s have a look together.”）

慢慢将乒乓球放在吹风机口，乒乓球马上被吹起来，在空中旋转，并没掉落下来。

这个实验引起学生们的极大兴趣，学生们的积极性都被调动起来了，但一定要回归课堂，要求学生课后思考是怎么回事，积极参与到教学中来。

二、课堂小活动在初中英语课堂教学风格养成中的作用

（一）使英语教师在学生群体中受欢迎程度提高

教师的话学生不一定都信服，时间久了师生之间会产生不和谐，课堂没有生机，自主交流很难进行。如果日常教学中，教师能够机智地应对随机出现的一些问题，会大大缓解上述不利局面，大大提升教师在学生眼中的信任度。

学生C，学习极不认真，没有进取心，又非常粗心，总是出现差错，其他任课教师不提他则罢，一提及他，都是一连串的批评。

在一节英语课上，笔者在黑板上写了几个汉语句子，让同学们翻译，同时让学生C到黑板上写出翻译的句子，他把“她在学校工作”这句话译为“He work in a school”。笔者马上走过去，在“He”和“work”下分别画了个问号。C意识到自己的错误，并改正过来。笔者及时表扬他“Well done”，他既高兴，又不好意思地说：“我又粗心了，出现两处错误。”笔者补充说：“犯错不怕，我稍一提醒你马上就发现了问题所在，这才是最大的收获。”

笔者注意到他的脸上露出了笑容。

从此，学生C有了明显变化，作业书写认真了许多，丢三落四的毛病少了。这就是表扬加鼓励带来的实质效果。

（二）有利于强化英语课堂教学效果

1. 强化学生听说读写能力的培养

事实上，课堂活动基本围绕“听说读写”的基础展开，初中英语听是说的基础，读是写的基础。听说读写，是英语教学中的四个重要方面，它们之间紧密相连，英语课堂里的活动开展有助于学生听说读写的能力培养。

2. 有助于提高学生的英语素养

丰富的英语课堂活动不仅是完成规定的教材教学任务，而且是为了让学生在活动中长知识、增才干，获得精神的成长。尤其是能保证学生课堂思维能力的训练，为多维发散营造积极的条件，体现学习形式的丰富和融合。

3. 促进教师提炼教学语言运用的能力

初中英语教师需要时间和阅历来修炼课堂教学语言，有品质的课堂教学语言，可以和学生活动共生共长。教师应具有提炼教学语言的能力，捕捉教学语言的“生长点”，并且迅速组织语言信息传递给学生，激起学生更广泛深入的回应。

第二节　教学思维对教学风格的影响

教学思维是指教师在看待教学事物、处理教学事件时所持有的态度和观点，教学思维通常发生在教学行动之前，对教学行动的发生起着指导和引领作用。

一、初中英语教学常用教学思维

初中英语思维模式是思维模式在初中英语课堂教学中的应用，大致可以分为模仿、创新、艺术和理性四种。

（一）模仿思维

初中英语课堂教学的目的是让学生掌握英语基础知识，掌握在日常交际中用英语交流的能力。初中英语教师要摈弃传统教学中以教师为中心、重视语法分析的教学模式，采取以学生为中心的模式，加强训练指导，指导学生多模仿英美原声，让学生体验纯正的英美发音和地道的语音语调，最后升华内化为学生自己的特色。

模仿，就是按照事物现在存续的状态一步一脚印地学着做。作为英语学习者，我们必须模仿已有的东西，没有经历足够的模仿而展开的“创新”是毫无意义的。从出生到成长，从不会说话到掌握一门语言，一个人的一生是在不断模仿中成长起来的。在学做事情、学说话之前，我们是按照他人的言行进行参考、进行模仿的。曾经有一位著名的哲学家说过：从某种程度上来说，动物是我们的教师，人类的很多行为都能从动物身上找到痕迹。比方说，织布和缝补，是从蜘蛛身上学来的；唱歌，是从黄莺鸟身上学来的；建造房屋，是从燕子身上学来的。模仿是人的本能行为之一。让学生利用好模仿可以进一步提高学生的英语口语能力。在选择模仿素材时，教师可以为学生选择英美原声。具体可以尝试以下方法：

1. 多听多读

英语作为一门学科，在学习过程中有特殊技巧，比方学生大声朗读英语，能够加深记忆和印象。同时，英语的学习不同于汉语，主要是单词、字母的拼写，通过大声朗读，能够快速掌握拼写的方法和规则。在大声朗读前，学生应当规范自己的读音，确保准确，通过对标准语音的模仿培养自己的语感。同时，也要确保大声朗读练习的长期性，坚持练习。

2. 大胆开口

英语说到底是一门应用性语言，还是要通过口头表达完成其功用。除了加强最基本的读之外，还要进行大量的“说”。在现如今的英语课堂教学中，最大的问题就是学生在开口说英语这一方面还存在着欠缺，因为没有足够的开口锻炼的机会。因此，在课堂上，教师应当多为学生提供开口说英语的机会，师生间尽量使用英语交流。在课余时间、日常生活中，教师也应当鼓励学生之间用英语交流和沟通，以此来提高学生的英语口语能力。

3. 扮演角色

在学习中，兴趣往往是最好的教师。英语教师若能够激发学生的学习积极性和兴趣，往往能够达到事半功倍的效果。要多在课堂设计和活动中下功夫，为学生创设最有力的语言环境，提升学生的英语实际应用能力，这是英语课堂教学中最为关键和主要的。著名学者张冰姿教授曾说过：“很多人想去国外留学，以为只有到外国才能把英语学好，其实不然，我的基本功都是在中国学习的。我第一次去英国已经57岁了，演讲完毕，掌声雷动，不久，就被邀请到BBC当播音员。我的英语学习经验就是在中国跟着唱片学，一篇课文至少模仿300遍，说完争取跟英国人一模一样。我的学生刚学完1～6篇课文，就可以去广交会当翻译，听口音外国人都以为他们是刚留学回来。出国不过是多了一个应用环境，你讲得不好，人家一样当你是外人。”张教授的话表明，即使没有生在一个说英语的国家，也是可以说一口纯正而流利的英语的，重点在于多下功夫、多模仿。

在初中英语课堂教学中，利用好模仿思维要遵循以下原则：

1. 选择正确清晰的英美原文

学生的精力是有限的，时间也很宝贵，试错成本很高，教师在训练学生的听力能力时应当选用教学质量上乘、有利用价值的听力材料。可以让学生通过跟读的方式练习自己的英语发音，通过反复跟读，提高流畅度和英语语感能力。

2. 大声模仿，注重总结

模仿英语发音的一个要点就是：声音要大。教师在指导学生说英美原文时一定要让学生大方表达，吐字清晰，确保发音时口型对得上。当然了，刚刚开始模仿的学生不会说得像外国人一样流利自然，教师也不必要求学生做到完美模仿，“一口气吃成一个胖子”。应该指导学生戒急戒躁，放慢语速，尽力做到发音精准，在确保模仿质量的前提下再追求速度，直到最后学生能流利说出地道的英语。

3. 反复、仔细模仿，最后升华内化

在听到地道的英语会话的时候，我们常常会因为其优美和好听而赞叹，当然，这需要长久的练习。在模仿专业英语口语表达时，我们一定要有足够的耐心和毅力。英语教师要积极引导学生，使其养成模仿英语时的耐心和信心。只有不间断、日复一日的模仿，才能达到提升英语口语的效果。但需要注意的是，日复一日的模仿并非让学生机械式地练习，做一些无用功。教师要及时地将学生模仿英语时遇到的困难进行复盘，查验模仿的有效性，确保学生的模仿行为是有效的，让学生在这个过程中融入自己的独立思考，比如说对发音规则的认识。通过长期模仿练习，学生们逐渐会形成属于自己的发音风格。经研究表明，模仿地道英语发音对于学生英语口语能力的提高有很大的帮助作用。一方面，模仿可以培养学生的学习兴趣，从而激发他们学习的积极性和主动性；另一方面，模仿可以有效提高学生英语口语能力，可以从真正意义上激发学生的内在学习动机。这一学习过程对于英语教师而言也有很大的帮助，在对学生的发音进行指导时，教师自身的英语发音能力和业务水平也能得到提升。由此可见，模仿学习对教师和学生双方大有裨益。

（二）创新思维

相信大家对“创新”一词不会感到陌生，不管是在哪个方面，这个词出现的频率都非常高。“创新”最早源自拉丁语，主要有三个方面的意思：更新；改变；创造新的东西。

将创新应用于思维，就是创新思维，注重以全新的角度对问题进行思考，力求通过多个方面最优化解决问题，打破传统的固化的思维方式，确保角度新颖、思虑周全。

完成英语学习的目的仅仅依靠“听英语”和“说英语”是不行的，模仿训练有诸多好处，可以帮助学生掌握正确的知识，巩固所学内容，但是不能“只是一味地模仿”。在模仿过程中没有自己的想法，没有自己的思考，那英语学习就很难取得成效。

英语交流过程中使用的最基本要素是句子，符合句型句式要求、结构完整、意思明晰的句子通常能够很快将说话人的思维表达得清清楚楚。有部分学生虽然掌握了大量的词汇、短语，背下了很多固定结构式短语，但遗憾的是，没有将这些知识组装起来的能力，缺乏实际应用的能力。

要想让学生熟练地使用英语句型，用英语进行交流，教师必须培养学生用英语要素造句的能力。在学习到一个新单词或固定搭配时，教师可以让学生用新学的东西进行造句，并及时纠错和反馈。这样做一方面巩固了学生所学的知识，另一方面锻炼了学生实际应用英语的能力。在思维方式上，初中生表现出形象、直观的特征，同时也具备创新性的潜在特征。在英语课堂教学活动中，教师要有意识地培养学生的思维能力，使其具有灵活变通的思维特征，积极鼓励和激发学生在思维方式上的创新性和独特性。通过教师的一系列措施，一方面，学生掌握了所学知识；另一方面，还能对之前所学内容做一个回顾和加深。

只有教师将培养学生的创新性作为教学目标之一，学生才有可能真正意义上提高创新能力。

只有具有创新能力的教师，才能更好地培养学生的创新能力。创新教育是在传统教育基础上的改进和升级，它注重教师利用启发式教学方式来激发学生独立思考、自我创新的能力，发挥学生在课堂学习中的主体作用。创新思维的应用对于学生创新能力的培养和提升有深远影响。那么，教师如何在课堂上应用好创新思维，笔者认为，应当做好以下几个方面：

1. 研究教材，按自己的计划发展学生的创新性

例如，教关于中西方餐桌礼仪时，教师不但要帮助学生记忆一些有关句子和词汇，以及在点餐时的问答，而且要给他们创设一些生活情境。如让学生创设去西餐厅吃饭，点餐时和服务员交流的实际场景，然后帮助他们学习并运用到实际生活中去。在加强实际场景对话的练习后，再继续布置任务，让学生组成小组对相关的中西方餐桌和菜品做出相应的调查和研究，然后在课堂上做英文展示（presentation），讲解给班级里的其他同学。这种分享和研究的过程也是培养学生创新性的教学设计。

2. 教学的组织

以前，教师在课堂上只讲知识，然后学生课后记忆，在这样的课堂模式下，大多数学生在课上掌握的知识较少，而且因为印象不深，所以遗忘速度也快，学习达不到理想效果。当教师转变思维，在课堂上应用创新思维教学后，可以显著提升学生的学习效果。比如教师在教一个新的英语单词时，可以让学生用之前说过的知识来解释这个单词的意思，然后让其他同学来猜，最后给出答案；或者让学生设身处地地想一想如果自己是课文作者，他们在课文中会写些什么，这样他们就会有学习的欲望。

3. 设计问题的艺术

教学本身在某种程度上也是一种艺术的体现，问题设计的适当与否直接影响学生的理解度和接受度的高低，影响其思维的发挥。因此设计问题必须统揽全局，根据不同水平的学生设计不同层次的问题，问题必须要有意义而且有趣味性、逻辑性，便于学生进行发散性思维，最终使得课堂变得轻松，能激发和帮助学生学习以及与教师合作，达到更好的教学效果。

4. 教师素质要求

为了成功地把创新思维运用到英语课堂教学中，必须对教师提出一些要求。传统教学的主要目的是帮助学生学习前人积累下来的知识经验，然后让学生运用这些方法来处理再次发生的事情。教师是照搬知识的人，但在当前社会经济形势下，需要的人才是创新型人才，教师必须明白这一现状，并培养出能够利用创新性思维、方式来思考问题、解决问题的学生。这要求教师具备特定的素质和能力，包括以下三点：

（1）转变教学观念

教师应使学生具备转变旧观念、接受新观念、培养创造新理念的能力，当知识老化的时候，能够自觉学习新知识。因此，转变观念非常重要。

（2）形成现代教育理念

蔡元培曾经说过："教育不是为了过去和现在，而是为了未来。"我们国家也指出"教育要面向未来，面向现代化"。教育的着重点不是现在，如果一个教师的目标是当前学生的分数成绩，而不顾学生的长远发展，无疑，这种教育是失败的。教师应当与时俱进，增进和完善自己的教学理念，开展创新性教育，培养出符合社会、时代要求的高素质人才。

（3）提高教师素质

人们常说，要给学生一杯水，自己必须有一桶水。如今，教师更应该是一个泉眼。因此，教师必须提高自己，不仅是在知识方面，而且也要提高自己的人格魅力。世界在飞速地发展，如果没有创新精神，就跟不上时代潮流。英语是交流的一个重要工具，学生是国家的未来，对他们来说，教学是学习英语的重要途径，因此教师必须要不断学习，不断发展，关心学生，只有把创新思维运用到教育中，才能真正做到"教育面向世界，面向未来，面向现代化"。

（三）艺术思维

经济社会的快速发展让人们的需求从对简单的物质基础的追求转变为对更高层次的艺术文化生活的追求，社会从而加大了对艺术人才的需求。艺术型人才在社会中的地位越来越高，在国际社会中，艺术型人才的竞争也愈加激烈，当然了，艺术型人才要掌握基本的英语，才能和别人开展交流。英语不仅是用于交流的实用工具，更是艺术型人才高素质水平的体现。因此，初中英语教师应当有意识地培养学生的艺术思维，将艺术思维应用到初中英语课堂教学当中。如英语口语表达艺术，在教学活动中，教师应当对学生严格要求，要求学生在练习口语时，做到英语发音纯正优美，语调抑扬顿挫有情感色彩。

（四）理性思维

随着教学改革的深入和发展，人们对教学的认识程度更加深入，在英语课程设计的各个环节，课堂教学的有效性逐渐引起人们的重视，这也为初中的英语课堂教学提出了更高的要求。初中英语教师要将教师教学成果作为一个重要元素重视起来，强调教学的有效性，根据学生实际情况，在日常教学活动中融入理科思维，让学生在实践练习中提升语言应用能力，打造高效课堂。英语课堂教学教无定法，没有一种教学方式可以适合所有的学生和所有的课堂，面对不同的教学对象，应当采用不同的教学方法，即要因材施教。总之，对于英语课堂教学、英语思维与教学研究效率的提高，方法具备多样性，不同的人对待英语课堂教学可能会有不同的看法。有的英语教师认为要学好英语就要让学生扩充自己的词汇储备量，主张让学生背下大量单词；还有的教师主张“题海”战术，让学生大量做题，通过做题来巩固所学的知识，提高英语水平和能力。

1. 理科思维与英语课堂教学

苏霍姆林斯基说：“真正的学校应当是一个积极思维的王国。”理科是实验性学科，但是，也有大量的文字笔记需要记忆，而这些笔记则是教科书知识的浓缩、补充和深化，是思维过程的展现与提炼。“看、记、思、展”这一思想既贯穿理科，同样也适用于英语。

“看”。看实验中的现象，在掌握最基本的物理性质的前提下，通过现象掌握核心的化学性质。看英语单词构成和句子逻辑，看清构成单词的字母顺序，对于学生学英语这点很关键，因此在教学时要提醒学生意识到这一点主要是看句子逻辑，看清句子成分，即主、谓、宾、状等。

“记”。记住做实验的步骤和方法。在英语学习中，要准确地记住每个单词的读音和意思，记住常见英语句型和句式。

“思”。重点在于独立的思考。在英语学习中要养成勤于思考的好习惯，注重各种词语、话语的差别，从细微处入手。教师在教学过程中也要积极引导学生。

“展”。意味着拓展和适用。学习英语时要注意构词法的规律，教师在教授中，注意适当进行构词法的讲解，让学生掌握一些规律，如“-y，-ly，-d，-ing，-ment，-ness，-ous，-al，-ation，-ful”等一些词缀。如此，学生可以更好地掌握词性，扩展词汇，加深记忆甚至对陌生的词进行词义猜测。

“同课异构”在初中英语课堂教学中的应用。同课，是指相同的教学内容背景；异构，指的是根据教学的实际情况，采取不同的教学策略和方法，最终达到相同的教学目的。将这种全新的理念应用于英语课堂教学，就是将理科所用的逻辑思维应用于英语中。传统的英语课堂教学以“教师硬教，学生死学”为主，现今新形势下的英语课堂教学变成了灵活多变的“理”英语。当然了，教师的教学活动会受到多重因素的影响，教师应当将这些影响因素相结合，创设出具有现实意义、能够满足学生学习需要、符合客观事实的理性情境。

2. 理性运用“互联网+教学”

作为一种现代化的教学手段和方式，现代教学技术受到越来越多的教师的认可和使用。然而，在现实教学活动中，仍有不少教师把现代教学技术等同于使用电子白板或者投影屏幕，这是非常狭隘的看法。要真正发挥现代教学技术的功能，使其在教学中彰显优势，教师就必须认识到现代教学技术的重要性并掌握其操作方法。英语是一门实践性很强的学科，听、说、读、写等要一起发展。英语学习就好像是设计一条道路，从图纸到施工，其中每一个因素每一个环节都必不可少。字母、单词、音标、短语、语法、句型、时态等等，都是不能松懈和放弃的。一方面，教师应当积极为学生营造一个学习英语的好环境，从感知、理解到熟练掌握，都需要条件支撑；另一方面，教师要提升自己的知识储备和认知水平，提高自己的业务能力，想方设法激发学生的学习兴趣，增进师生之间的情感，确保能够取得良好的教学效果。

3. 让多媒体真正融入英语课堂教学

多媒体的应用已经渗入了我们生活的各个方面，其中就包括教学，在英语课堂教学中，新媒体应用的范围也越来越广。一方面，可以提高教学效率，成为教师教学的有力帮手；另一方面，可以活跃课堂气氛。当然了，我们应该正确地认识到，新媒体介入教学也不完全都是正面影响，也会带来一些不利因素，如会让教师和学生产生惰性和依赖性。教师要合理使用多媒体教学，使其发挥积极向上的作用，开阔学生的眼界和思维，提高英语应用能力。学生们需要的不是一个代替自己思考的“冰冷机器”，而是一种提升自己水平和能力的“工具”。多媒体应用于英语课程，讲究的是艺术性和实用性的统一，课程所呈现出来的内容，不仅内容要有用，形式也要好看，但内容大于形式，千万不可本末倒置。有的教师会选择用新颖的形式来装点自己的课堂，反倒对教学内容不管不顾，认为形式是主要，内容只是陪衬。多媒体应用于英语课堂教学有很多优势，容量大、节奏快，还能够从视觉、听觉等各个方面对学生产生影响，但是，如果教师和学生过度地依赖多媒体工具，就会产生一系列负面影响，英语课堂也失去了原先的价值和初衷，多媒体，变成了压迫教师的一种负担，学生的思维严重受限，无法得到扩散和发展。多媒体应用于英语课堂教学，要把握好这背后的“度”。

二、教学思维在初中英语课堂教学风格养成中的作用

（一）模仿思维

初中阶段的英语学习仍处于学习这门语言的初级阶段，在该阶段，学生英语能力、英语水平尚处于初级水平，学习的欲望很难通过教学材料中有限的信息所激发。相对而言，学习障碍较多。因此，对于初中阶段的学生，教师要想尽各种办法，激发学生的内在学习动力，调动其积极性，积极引导学生开展有效学习，反之，可能会导致学生丧失对英语学习的兴趣，学习障碍积攒得越来越多。初中英语教师应当认识到，这一阶段的学生有很强的模仿能力，可塑性较强，因此，教师可以通过在课堂上大量的语言输出，来培养学生的英语语感，消除学生在英语学习中的障碍，使其能够轻松愉快地进行学习，进而逐渐步入英语学习良性循环的轨道。

（二）创新思维

要想学好英语，凭借死记硬背是不可取的，重点在于对知识点的深入掌握、内化，然后融入自己在脑海中建立的现有的知识体系当中，能够做到熟练应用，融会贯通。在这一过程中，对学生创新思维能力的要求必不可少。创新思维的应用有诸多好处，如，能够激发学生自主学习的积极性和主动性，能督促学生在学习中自我反思，能够营造良好、活跃的课堂气氛，能够培养和强化学生的

思维方式。

1. 发散思维在英语课堂教学中的运用

发散思维又叫多项思维，属于创新思维的一种类型，是创新思维的核心和重点。发散思维是指通过现有的东西展开联想和想象，从而发现新方法、新领域、新观点的一种思维方式。教师在初中英语课堂利用发散思维，可以借助多媒体课件，通过多种方式拓展学生的思维。比如在学习了“看（look at）”这个短语后，教师可以让学生展开思考，在之前的学习中是否有同类词可以替换“look at”？学生可能会提供“watch”“see”等词语，教师这时候并不要急着对学生的答案进行评价，而是要继续追问，如这些词分别适用于哪些场景？用法是怎样的？等等。再比如，在学习了“accept”这个单词后，可以让学生将“accept”和“receive”进行对比，说明这两个词的不同用法，鼓励学生进一步思考问题。教师还可以鼓励学生用英文去解释这些单词的含义，让学生在学到新知识的同时，巩固从前所学的知识。在英语课堂教学中，教师通过思维发散式教学，培养学生“联系式”思考问题的能力，避免其思维方式片面化，从而进一步提高学生对英语知识的掌握程度。

2. 求异思维在英语课堂教学中的运用

所谓求异思维，是指避免用传统的、固定的思维方式思考问题，提倡在同一个问题下寻求多种不同的答案的思维方式。在英语课堂中，教师可以鼓励学生从多个角度思考问题，用不同的观念来阐述自己的想法，求同思维多用于那些答案具有唯一性知识的教学，而求异思维恰恰相反。初中生正处于成长发育期，求知欲旺盛，好奇心强，利用求异思维能够适应学生不同的个性思维差异，激发学生学习的积极性，让学生学得知识，掌握解决问题的方法。因此，教师在教学活动中应多使用求异思维教学方式，鼓励学生发表自己的看法，激发学生的求异思维。

3. 创意思维在英语课堂教学中的运用

创意思维是指利用新颖的角度去思考，揭示事物的本质，创意思维也叫创造性思维。在英语课堂教学中，创意思维可以借助新媒体来完成。作为新时代的教学辅助工具，现代信息技术和新媒体的技术发展已经到了空前鼎盛时期。比如说，一名英语教师用新媒体课件的方式给学生展示形象生动的知识，要好过站在讲台上干巴巴地讲道理。教师应当将自己所要讲授的知识点融入学生喜闻乐见的方式中去，这样就能够促进学生对于知识点的吸收和掌握，提高学习的积极主动性。

4. 逆向思维在英语课堂教学中的运用

逆向思维是相对于正向思维而言的，是指从相反的角度思考问题的一种方式，或者从结论向理由进行论证的思维方式。逆向思维为人们在思考、解决问题的时候提供了一种新途径，让思维向其对立的方向发展。将逆向思维应用于英语课堂教学，要求教师必须转变传统的思维方式，打破固化思维。比方说，在教学活动中，教师并非一定要按照教材编写的内容为学生进行授课，在充分了解学生的基础上，教师可以打破教材结构，为学生设计更具适应性和感染力的教学内容。在课堂教学中，教师要优化思维方式，注重从多方位、多角度思考问题，用最优化的教学方式培养学生的学习能力，激发学生的发散、求异、创意、逆向等思维，发挥学生在英语课堂教学中的主要作用。

（三）艺术思维

1. 艺术思维让初中英语课堂更具形象性

《思维方式与社会发展》中提到，艺术思维是直观类思维方式的一种，是与形象思维有直接关联性的特殊思维方式。在艺术思维活动中，思维的对象并不是抽象的概念和命题，而是具体、直观、形象化了的东西。因此，在英语学习中，艺术思维较强的学生会趋向喜欢形象的东西，如更多地关注教师的体态和姿势，希望教师能借助音调、节奏、手势语、体态语等生动的形象语言来授课，或是喜欢有插图的教科书。对此，教师应努力使教学过程形象化。形象化的英语课堂教学首先应遵循模仿原则。在长期的实践中，人们形成了固定的语言。初中学生在学习英语时，往往从模仿开始，他们模仿教师、模仿电视、模仿多媒体，模仿一切可以模仿的东西。等到将模仿来的东西内化为自己的东西时，他们便停止了模仿，形成属于自己的知识体系。由此我们可以看到，英语学习的基础就是模仿，创新源自于模仿。作为处于初级阶段的英语学习者，应当通过模仿来掌握最基本的知识，在不断的摸索中形成自己的知识体系和语言风格。在模仿过程中，学生要注意艺术思维的应用，这就要求教师有意识地引导。在英语课堂教学实践活动中，教师要尽量用优秀的课堂表现，如幽默的语言、得体的教态、优美的板书等，于有形或者无形中为学生展现自己的艺术修养和人格魅力。为了增强课堂的趣味性和艺术性，教师可以采用多种表现形式，如齐唱英语歌曲，齐念英语诗歌、英语绕口令等，让学生有美好的体验和享受。教师还应当注重对整个课堂节奏的把控，让课堂教学变得有起有落，有节奏感和逻辑性。一堂成功的英语课就好像是一场音乐会，让学生沉浸其中，能够融入课堂教学之中。

2. 艺术思维让初中英语课堂更具想象性与逻辑性

将艺术思维应用于初中英语课堂教学，意味着教师要打破传统课堂的逻辑性，有一个清晰的、具体的形象思维活动。教师要结合教学内容、学生接受新事物的能力和水平，适当地为学生选择一些教学辅助材料，采用能被学生接受的方式有效开展课堂活动，如课堂开场白可以用一段英语旋律、一个熟悉的场景。利用多样化的教学方式，创设艺术性英语学习情境，让学生发挥自己想象的翅膀，探索未知的英语艺术领域。另外，教师可以结合生活，扩大学生词汇量。在讲单词的时候教师可以拓展其派生词并联系生活，引起学生的联想。如香蕉（banana），可以从b（香蕉柄的声母）着手，再来看单词的形象，把它理解为象形词；燕子（swallow），既是燕子的“燕”也是吞咽的“咽”；捡起（pick-up），皮卡车学会了加速捡东西；交流，沟通（communication），就是交通，然后从交通银行（Bank of Communications）扩展到各大银行的英文名称等。最后，建议学生把英语学习融入课外生活当中，平时多注意观察生活中所接触到的英文单词，激发学生的学习热情，提高学生学习的主动性。

3. 艺术思维让初中英语课堂更感性

艺术思维是一种渗透着主体浓烈情感因素的思维活动，是一种寓理于情的思维。因此，在英语学习中，艺术思维较强的学生对充满强烈情感体验的课堂活动会表现出极大的热情。如学舞蹈的人听到乐曲会情不自禁地随着节奏摇摆，学音乐的人听到熟悉的音乐会和着唱起来。教师在课堂中可以播放一些能够震撼学生内心情感的英语影片供学生欣赏，或把课文内容改编成戏剧，并由学生担任角色表演，以此促进学生的英语学习。但有些学生对英语的学习态度是消极的，如果班级集体的消极情感占了主导地位，通常会导致学生被动学习和抵制学习。所以教师要善于调动班级集体的积极情感，能够从学生身上发现他们的优点，关注每个人的点滴进步并给予表扬，让学生明白教师是对他们抱有很大的信心的。教师也要积极创造条件，让学生有展示自己学习成果的机会，这样会更加激发学生内在的学习动力，使学生体验到一种“成就感”。这种成就感不但可以激发学生进一步学习的信心和决心，而且可以形成英语学习的良性循环。另外，也可以尝试小组学习，即把大班分成自我驱动的小组，在小组中进行合作学习，这是人本主义心理学家倡导的一种学习方式。一般情况下，合作小组的人数可以为4～6人，合作小组有其特定的学习目标和任务，因此他们必须团结一致、共同出力来实现小组目标。小组的学习形式多种多样，主要有小组调查、角色扮演等，在小组内部，成员也有相对明确的分工，小组为成员提供了一个轻松愉快的学习、交流平台。这样，学生能够发挥团队合作精神，体验集体感、荣誉感和成就感。人们往往把思维活动分为逻辑思维和形象思维，而语言则和逻辑思维密切联系，艺术主要表现为形象思维。初中生也具备逻辑思维方式，但由于受到艺术实践的影响，逻辑思维在思维活动中不占主导地位，这恰恰是艺术思维在英语学习中的局限。可以从思维方式的差异分析入手，联系到语言习得，结合英语课堂教学理论，进而探讨适用于艺术思维的英语课堂教学方法。经初步证实，英语形象教学法能较好吸引初中生的课堂注意力，增强学生在课外生活中联想英语学习的兴趣，从而对初中生的英语学习起到一定的促进作用。

（四）理性思维

1. 让图片展示变得有价值

许多教师在用多媒体上英语课时不知不觉就变成了开图片展，一些图片的存在只是为了渲染气氛，或者引出教师的一个提问，而这些让人眼花缭乱的图片确实有存在的价值。在实际的英语课堂教学活动中，图片的展示是有必要的。为了使学生能更好地理解一节课的主题，可以精选几幅有代表性的图片，不断地、反复地针对这些图片设计不同的问题，或进行不同解答。教师要赋予同一张图片不同的功用，这样才能提高教学效率，也能够将学生有限的集中力聚集到一起，事实上，这样也能够减少教师课前准备的时间，缩减人力成本。

2. 让黑板回归课堂

如今，英语教师在用多媒体上英语课时，黑板似乎变得不复存在。一堂课的导入、单词与语法讲解、课堂提问、课堂练习等全部都呈现在制作好的多媒体课件当中，在课堂上，教师只需简单操作就能让丰富的内容呈现在学生眼前，而且也可以随时调整内容出现的前后顺序，增添或删减新内容等。然而，整个课堂上始终使用课件可能会导致学生产生审美疲劳，对课堂的记忆停留在一张张变换的幻灯片上面，再没有别的印象，可能笔记忘了记，重难点也把握不了，甚至有学生课后向教师复制一份回去复习，其教学效果可想而知。其实，教师在运用多媒体的同时也不要忘了那块被隐藏在后面的黑板，板书的魅力是任何教学设备都无法代替的。精美的板书的吸引力绝对大于一幕幕闪过的画面。学生通过听教师在黑板上一步步深入的讲解描述，跟随教师黑板上的文字不断地思考。教师在黑板上表达对事物的看法、对问题的解释或推理时，学生在下面边听边记边思考，这就是师生之间最简单的互动，是教师、教材和学生三者之间的一种交流，如果遇到学生提问，或教师突然的一个想法，可以立即写下进行讨论讲解，这是多媒体教学无法替代的。多媒体的程序化，使呈现的教学内容受到多方面的影响。例如，制作多媒体课件的人员（教师）的技术水平高低、设备条件的好坏、制作花费的时间等，这些方面一旦出现问题，势必会影响教学效果，在课堂上要进行大量内容的调整会耗费很多时间。相比之下，板书的优势比较凸显，板书能更加形象地展示教学内容，也可以通过多样化形式展现出来，如文字、表格、线条、图形等等，教师书写板书的过程，也是学生建立知识内容体系的过程，板书的使用有助于学生的记忆，内容全面、重点突出的板书会让一节课锦上添花。

3. 让学生成为课堂的主角

教师必须明白，多媒体并不是课堂的主角，学生才是。在教学实践过程中，有的英语教师会在课堂全程将多媒体作为教学的重点，时刻将焦点放在多媒体工具上，忽视了学生是否真正了解和掌握了知识点，这种教学方式当然是不可取的。这种单方面的输出教学最终的结果往往会不尽人意。教师要客观关注学生的状态，了解学生是否通过多媒体教学掌握了其中的英语知识。

如果一堂课结束以后，学生只记住了教师在课堂上展现的图片或视频短片，这样的课堂无疑是失败的。现在的课堂教学强调突出学生主体地位，教学活动的开展都要以学生为中心，尤其是在英语的教学方面，教师不能靠精美的课件来获取学生的关注，将展示课件作为教学活动达到目标的标准，而忽视了关注学生在课堂中的学习状态和学习方法，甚至忽略与学生的交流和互动。显而易见，这种教学方式是不可取的，不能让多媒体来主宰课堂。在充分利用多媒体来创设近似自然的语言环境，加强学生视听能力方面的培养，开阔学生的视野的同时，也不要忘记学生才是课堂的主角，要充分发挥他们的主体性和创造性。

4. 让网络、多媒体成为促进英语课堂教学的有利辅助

多媒体教学资源能为学生提供广泛、丰富、深刻的教学资源，在当前这个新媒体空前发达和活跃的时期，英语课堂教学也被赋予了更多的可能性，教师应当充分地将其利用起来，将原本枯燥的英语课堂教学变得生动活泼，让英语课堂教学变得更加富有活力。

（1）教师指导学生合理运用互联网进行英语学习

教师可以要求学生在课后浏览、查阅英文网站，浏览的内容主要有：时事新闻、科技文化等，从中学习、总结出常见的英文词汇表达。在实践操作过程中，教师可以指导学生将所收集的词汇分门别类进行整理，这能够在很大程度上扩展学生的词汇量，加深其印象。除此之外，在课堂上，教师要对英文国家的风土人情、地理风俗等进行介绍，让学生明白其文化根源和特色，这样也有助于学生加深对知识的理解和应用，还能够拓展视野、开放思维，紧跟时代潮流与进步，了解世界形势。如全球经济一体化（global economic integration），人类命运共同体（a community with a shared future for mankind），“一带一路”倡议（Belt and Road Initiative），新丝绸之路（New Silk Road），绿色发展（green development），可持续发展（sustainable development）等。通过对这些语言表达的掌握，能培养学生的思维，扩宽学生的视野，使学生了解这些词语背后的额外知识。另外，教师可以利用网络资源补充一些课本上缺乏的、地道的英文表达方式，如常见的成语、俗语，交际中常使用的俚语等，使学生的英语学习不再是为了考试题目，而是实实在在用于日常交流。教师要注重课堂教学的设计和组织，培养和锻炼学生的自我学习意识，提升学生学习能力。比方说在课程正式开始前，布置给学生一些思考作业，让学生独立完成对教学内容的思考，查找资料，并在课程开始前进行展示，这不仅仅是对学生总结归纳能力的锻炼，更是对他们形成英语学习思维的培养和锻炼。教师和学生的关系是互相合作的，有时候，教师也能从学生身上学到知识，所以，教师应当重视学生的作用，听取他们关于某一知识点的看法。

（2）学生学会运用网络资源与学习软件自主学习

现在的英语课堂教学中，学生的英语水平良莠不齐，教师很难用统一的标

准衡量学生学习水平，也很难根据学生个人的实际情况开展针对性教学，课堂的时间是有限的，教师授课的内容也是有限的，在课堂上学生和教师的互动较少，留给学生吸收消化知识的时间更少，网络资源弥补了这一不足，相关学习软件给学生提供了更大的学习平台和更多的机会。而且网络资源也有着其不可比拟的优势，如学习时间相对自由，内容也比较丰富，学生可以根据自己的实际需要，开展自学或者复习、预习课文的重难点。课堂上，师生可以在线进行讨论，共同解答疑难问题，教师要引导学生利用好网络学习资源，如在完成知识学习后及时开展同步练习，巩固所学知识。这也会在很大程度上帮助学生养成自主学习意识。在课堂之外的业余时间，可以让学生在第三方平台浏览、阅读一些英文文献，拓宽视野，培养英文素养。

（3）师生网上互动交流

新媒体的出现拓宽了人们的交流渠道，只要有互联网，人们随时随地都可以进行沟通交流，师生要运用好这一优势，加强相互间的沟通和协作，不同于课堂教学，在互联网上，师生间的互动内容、频次都不受限制，可以畅所欲言地进行聊天。事实上，在网络平台，学生和教师能够有一个更加宽松和谐的交流环境，不用感受面对面交流时的压力，有很多平时不敢说或者不方便说的内容都可以在这里得到释放。学生的回答也没有对错之分，这种交流和互动更加“接地气”，能够拉近师生间的距离，增进师生间的情感。

（4）教师应利用网络提高专业水平

英语教师所掌握的知识并非尽善尽美的，再优秀的教师也有他的知识盲区，对英语教师而言，教学活动也是一个一边教、一边学的过程。英语教师可以充分利用新媒体，加强对知识的掌握和理解，及时学习新的理念和知识，做到“与时俱进”。只要用心，教师都能在网络平台上找到更多的有利于自己教学的资源。这个时代每天都在变化，每天都有新事物产生，有旧事物淘汰，知识也不例外，英语教师也要充分认识到这一点，通过收看英语新闻等方式关注英语动态，及时扩充自己的知识面，补充和修改自己的教学课件，及时总结出自己的教学理论，形成自己独特的教学风格，真正做一名优秀的英语教师。

第三节　教学艺术对教学风格的影响

课堂教学艺术是指在课堂上，教师富有创造性地运用各种手段唤起学生的学习兴趣，使学生愉快、主动地获取知识，并使学生对课堂教学过程和成果有深刻印象。

一、初中英语教学中常见教学艺术

（一）课堂导入艺术

什么是课堂导入艺术？顾名思义，是发生在新课程开始之前的一种教学行为。总体而言，课堂导入艺术是指教师在课堂教学活动中，通过自己的教学经验所建立起的，能够激发学生学习兴趣、吸引学生注意力的方式。通过课堂导入，学生能够更好地建立学习目标，更好地进入学习状态，清晰认识各知识板块之间的逻辑关系。

如教师在教授动物（animal）一词时，可先问一下同学们家里面有没有养什么小动物，这些小动物用英语怎么说，等等，以此来作为导入课堂的素材，吸引学生注意力。

（二）课堂提问艺术

课堂教学提问能唤醒学生的意识，集中学生的注意力，激发学生思考，培养学生能力。但并不是所有的提问都能达到上述目的，这就要求教师掌握提问的技能，提问要有明确目的，这是课堂提问成败的先决条件。对每一个所提问题要达到的目标也要明确，切忌随意问、盲目问，使提问流于形式。运用课堂教学提问时应注意以下问题：

1. 要把握提问密度

初中英语教师在设置提问前，应当明确几点：所提问题要服务于教学目标和课程要求，要有逻辑性，条理清楚，不能东一榔头西一棒槌，天马行空；所提问题要符合学生认知水平和逻辑思维，不能背题太远、过于深奥或晦涩难懂。有不少教师在课堂上一直提问学生，不断追问，导致最后离题万里，整个课堂显得松散没有纪律，毫无教学节奏可言，通过课堂教学，学生没有掌握应会知识，提问没有起到任何积极作用。

2. 问题应大小适当

任何事物都有“度”，课堂教学中的提问也不例外，常见的提问没把握好“度”的情形有两种：一是问题过大，叫人无从谈起；二是问题过小，过于琐碎繁杂。前者常见的提问方式有：“你有什么感想？”“你从本课中得到了什么？”这些问题教师提问起来很容易，学生回答起来也很容易，但总归是泛泛而谈，没有什么实质性内容。事实上，这类问题都显得过于宽泛，没有贴合教学所要达到的目标，对学生也没有什么吸引力。后者常见的提问方式有：“是不是这样？”“对不对？”教师没有引导学生积极主动去思考，几乎是自己说出了答案，自己说前一个字，让学生说后一个字。这类提问通常很简单，没有什么难度，学生几乎是不用思考就能脱口而出。不管是问题过大还是问题过小，都是教师业务能力不成熟、思想不重视的体现，虽然教师提问了，但很显然，并没有达到理想的效果。

3. 问题要多少适量

课堂提问要做到精简，讲求提问的质量而非数量，所提问题要围绕课堂重点，紧扣教材的重难点，避免繁杂琐碎、“连环式”的提问方式。设想一下在课堂上，教师不断地向学生抛出问题，学生如“完任务”“走过场”式地回答教师的提问，很难静下心来认真思考教师的问题。试问一下，这样的提问又有什么意义呢？

4. 问题要难易适中

教师要根据学生对知识的掌握情况和认知水平，设计好所提问题的难易程度。如果所提问题过于简单，学生无须认真思考就能说出答案，长期以往就会挫伤学生回答问题的积极性；如果所提问题难度过高，学生绞尽脑汁也不可能得出答案，也会影响学生的思维发展。教师所提的问题，应当是绝大多数经过认真思考就能回答出来的，如果学生没有认真思考，没有掌握相关基础知识，就不能回答出来。

（三）讲授艺术

所谓讲授艺术，是指教师在课堂教学中，根据英语学科特点，在充分把握教材内容的科学性和思想性、全面熟悉学生情况的前提下，运用熟练的语言技巧，向学生传授知识，培养学生的核心素养并训练其技能和技巧的过程。在课堂讲授内容上，教师要确保做到三点："精""深""新"。

"精"是指教师选定的教学内容是教师经过精心筛选的重点，教学内容具有代表性、逻辑性和系统性，通过传授知识，学生不仅能掌握知识，还能在认知上得到一定程度的提升。此外，教师还应当注重培养学生的自主性和独立性，协调好能力培养和知识传授之间的关系。

"深"是指教师所选的教学内容要有一定的深度，稍微超过学生的现有知识层次。当然了，这种深度并不是说教学内容是深不可测的，学生只要努力就能获取知识，而非不可能获取的，这种富有挑战性的教学内容能让学生看到希望，更愿意积极主动去学习。针对不同的学生，他们的知识掌握情况、认知水平也是存在差异的，教师要做到"因材提问"。

"新"是指教师在讲授教学内容时，除了传授课本知识外，应尽量搜集与讲授内容相关的知识，对课本内容做一定的补充，使教学内容融入时代进步的潮流。并且，内容的补充是循序渐进、持之以恒的，这样就能够为每一堂课注入新鲜的血液。

（四）结课艺术

课堂结课是指教师在一个教学内容结束或课堂教学任务终了阶段，通过重复强调、概括总结、训练操作、实践活动等方式，对所学新课知识和学科能力进行系统强化，使之稳固纳入学生认知结构的一种教学行为艺术。

结课有三种类型：一种是课程结束，指一门课程教完之后的教学结束；第二种是单元结束，指一个单元教完之后的教学结束；第三种是课时教学结束，指一节课的最后教学环节。

课堂结束和课堂导入是相对应的，前者意味着开始，后者意味着结束，是整个课堂的始末两端，构成了教学的完整过程。好的课堂结尾，能延伸拓展教学内容，激发学生的学习兴趣和求知欲，巩固课堂教学效果，起到升华和锦上添花的效果。总之，结课是课堂教学中一个不可忽视的重要环节，结课艺术是上好一堂课重要的基本技能。

（五）板书艺术

板书是在课堂教学中，教师为了强化教学效果，利用黑板、投影仪等设备，向学生传达以文字、图像等为主要内容的教学方式。好的板书能够促进学生更好地理解知识、增强记忆，提高教师教学效果。通过板书，学生对知识的掌握更加系统化、概括化。

二、教学艺术在初中英语课堂教学风格养成中的作用

（一）提升课堂教学的形象性

平庸的教师只是叙述，优秀的教师会生动地讲解，会恰当地比喻。教师教学需要选用不同的方法、手段向学生传授知识，但对于正在从形象思维向抽象思维过渡的中学生来说，教学必须具有形象性。教学艺术的使用能提升教师的教学综合水平，绘声绘色的语言能使学生产生如见其人、如闻其声、如临其境的感受，给学生留下深刻印象。

（二）增进学生与教师间的距离

情感是教学艺术的核心，情感是教学艺术的生命。在教学艺术的作用下，教师与学生之间产生更为密切的联系，这在很大程度上拉近了教师和学生之间的距离。

教学艺术促使教师具有高尚的情操。凡优秀的教育工作者无一不具有高尚的情操。“捧着一颗心来，不带半根草去”的无私奉献精神感召着多少后来者。只有以满腔的热情和神圣的使命感投入教学工作中的人，才能迈进教学艺术的殿堂。

教学艺术促使教师具有较深的艺术修养。艺术修养是教师极为重要的素质。具有较高艺术修养的教师有一双“特别”的眼睛，他能够发现美、识别美、鉴赏美、品味美，他能够用自己的智慧去创造美，他能在课堂教学中谱写一首令人回肠荡气的诗篇，作一曲令人心驰神往的乐曲，演一幕令人惊心动魄的戏剧。

（三）让教师更具独特性

使用教学艺术的目的是培养出各具特色的学生，而不是如同一个模子里刻出来的“工具人学生”。同样地，教学艺术应用于初中英语课堂，增强了教师的独特性。艺术贵在创新。在每一堂成功的课例中，都体现着教师对美的独特感受、对教材的个性理解，体现着教师新颖的设计和创新的方法。教学工作是创造性很强的工作，教育对象不同，班级基础不同，每一篇课文不同，时代对我们的要求不同……所有这些都要求教师发挥自己的聪明才智，走出模仿的圈子，去不断探索、不断改革、不断创新。

第五章　初中英语课堂教学风格与教学效果的关系

第一节　初中英语课堂常见教学风格

教学风格因人而异，类型众多，概括而言有以下几种：

一、理智型和情感型

（一）理智型

理智型教学风格也叫作科学型教学风格。具备理智型教学风格的教师通常在课堂上表现出以理性为主导的特征，具体表现为教师讲课时逻辑条理鲜明清晰，环环相扣，层层剖析，结构严谨，课堂上通常能用严谨的思维方式引起学生的注意力，能够将理性思维贯穿整个课堂始终。学生在这样的教师风格的感染下，除了掌握基本知识以外，对于其自身培养和形成严谨的逻辑思维也很有利。此外，拥有理智型教学风格的教师可能会在课堂上表现得比较严肃，不苟言笑，但是在追求理性思维方面比较执着。通常情况下，在比较严谨的课程中采用理智型教学风格的教师比较多，如数学、物理教师。

（二）情感型

情感型教学风格又叫作艺术型教学风格。这类教学风格最主要的特征就是教师在教学时表现出细腻的情感。具备这类教学风格的教师或有着足够的知识储备量，涉猎多个学科，掌握完整的知识结构体系；或爱好广泛，偏爱或擅长文艺类项目；或思维灵活敏捷，善于演绎和分析；或情感、人生经验丰富。在教学活动中，情感型教学风格表现出教学内容富于艺术性的效果，能够极大地感染、鼓动学生，调动学生的积极性。在课堂上，情感型教学风格的教师能够极大地抒发自己的情感。

比方在英语课堂教学中，有两位教师表现出两种不同的教学风格。有一位英语教师拥有严密的逻辑结构，思维比较理性，在日常教学活动中更加注重抽象思维的输出，喜欢运用概括和对比的方法传输给学生知识，教学内容之间逻辑结构严密、层次清晰鲜明，极具理性和哲理性色彩；还有一位英语教师就是典型的情感型教学风格，在讲到一个英语单词发音的时候，她会很形象地把该单词和其他事物联系起来，注重讲课过程中的分析和演绎，更加喜欢在教学活动中和学生开展情感型互动，她的知识面非常广泛，常常能在课堂上吸引学生的注意力，注重课堂的感染力和感召力。很显然，前者属于理智型教学风格，后者属于情感型教学风格。

二、表演型和导演型

（一）表演型

在表演型教学风格中，教师发挥的是主导的作用，教师在课堂上就相当于主演在舞台上。具备这类教学风格的教师在课堂节奏把控等方面发挥着决定性作用，在这类教师的课堂上，学生往往能感受到来自教师的权威。事实上，这类教学风格是比较传统的风格，在教师风格演变过程中一直处于主流地位。

（二）导演型

这类教学风格是相对于表演型教学风格而言的，正如其字面含义，具备导演型教学风格的教师往往发挥的是一个旁观的、指挥全课堂教学的作用。在这类教师的课堂上，学生往往能感受到民主作风，能感受到自己是被作为课堂的主角来看待的。课堂讨论、互相探讨与交流是这类课堂上常见的教学形式，教师只是引导学生自己去积极主动获取知识，探究原理。在一定程度上，这种教学风格被看作是开放式的、不具正规形式的教学风格。

例如，上海陈钟梁老师的教学具有鲜明的表演型风格特点。他说：“正如演戏一样，仅仅有一个令人赞叹的剧本内容，而没有精湛的演技，舞台效果也不可能好。为此，我十分注意课堂上的每一个细节，力求‘手’‘眼’‘身’‘步’的和谐统一。”凡听过陈钟梁老师公开课的人，无不承认他的能演善讲。他的课尽管也有“导”，也有“练”，但比较而言，他的“讲”是过硬的，“演”是精彩的。

河南姚竹青老师则具有地道的导演型风格特点。他提出教师要做读写的“教练”，不要做文章的“讲师”。认为教师的职责是“教”学生“练”，而不应当是“讲师”，光是教师“讲”，不让学生“练”，或者教师“讲”得多，学生“练”得少。他在教学中，通过“育能人，练能力，设能项，编能序，排能课，评能称，建能会”等有效的方法，为学生创造各种锻炼学习能力的机会，给学生提供深入细致的指导，就像一个高明的教练和导演，将学生推上训练场地和表演舞台，教出了许多“小能人”。

三、庄雅型与谐趣型

（一）庄雅型

庄雅，意思是端庄典雅、庄重文雅。拥有这类教学风格的教师通常在气质上就具备典雅的特征。教师在其个性特征上庄重典雅，就会反映到其教学活动过程中，这类教学风格会吸引到具备类似气质的学生。教师往往具备坚实的文化素养和浓厚的人文知识，这类教学风格也是教师在审美追求上的体现和反映。

（二）谐趣型

从字面上可以看出，谐趣型教学风格强调教师在教学活动中表现出轻松愉快、诙谐幽默的教学特征，在这类教师的课堂上，学生往往会在心态上比较轻松自在。具备这类教学风格的教师，在生活当中也会表现得比较幽默，因为他们通常具备乐观豁达的人生态度和诙谐有趣的个性特征。教师所具备的这种个性特征能够帮助学生开拓思维、活跃气氛。谐趣型教学风格往往会促进师生之间的关系，使其保持良好的关系，同时，也为学生创造了轻松愉悦的课堂学习环境，让学习变得更加有趣。需要注意的是，这类教师应当在课堂上把握分寸感，让课堂教学保持较高的质量。

例如，宋代的程颢、程颐兄弟是当时颇具声望的教育家，但他们在教学过程中却风格迥异，各具特点，对待学生的态度完全两样，给当时和后世留下深刻的影响。据载，大程夫子对待学生“一团和气”，使学者“莫不感悦而信服”。小程夫子则“庄重有体”，使学生“莫不肃然”起敬。《河南程氏外书》卷十一、十二中也生动地记载着二程兄弟教学风格之不同。卷十一有一条说：明道先生每与门人讲论，有不合者，则曰“更有商量”，伊川则直曰不然。卷十二说：明道犹有谑语，若伊川则全无。问：如何谑语？曰：明道闻司马温公解《中庸》，至“人莫不饮食，鲜能知味”有疑，遂止，笑曰：我将谓从“天命之谓性”便疑了。可见，程颢性格开朗，好说笑话，学生亲近他，不拘束，讲课气氛活跃，属于谐趣型风格，这大概是他“一团和气”的一贯表现。而程颐则沉静刚毅，说话庄重，学生敬畏有余、从容不足，讲课气氛凝重，属于庄雅型风格，这可能是他“庄重有体”的表现。

四、严谨型和潇洒型

（一）严谨型

这类教学风格是指教师在课堂教学中所具备的周密严谨、细致入微的特征。拥有这类风格的教师具备严密的逻辑思维和条理，对教学及学生都有很高的要求，一丝不苟，严格谨慎，给学生一种稳定、充实之感。严谨型教学风格以其高标准和高要求的优势，为课堂知识教学的严谨周密保驾护航。

（二）潇洒型

拥有这类教学风格的教师通常不受教学中各种条条框框的约束，通常洒脱自如，在教学方式和方法上有自己独到的见解，拥有开阔的眼界和过人的智慧，有敏捷的思维，有坦荡的胸襟。在这类教师的课堂上，学生表现得比较放松，通常情况下，他们和教师的关系也比较和谐。

例如，江西特级教师潘凤湘体现的就是严谨型风格。他实验的“教读法”按一定程序进行，一个步骤完毕之后才能进入下一个步骤，学生能主动地按这些步骤去学习，教师从旁指点、启发、开导。他还注意学生的基本训练，如写大字、小字，均有数量规定，且持之以恒。学生写的作文，一般字迹清晰，书写工整，标点符号使用准确，文章条理清楚，段落层次分明，内容充实。学生经过严格的训练，养成了认真阅读、认真思考的习惯，一辈子受用，给今后的发展打下了坚实的基础。

著名文学家朱自清先生的教学体现的便是潇洒型风格。他总是第一个走进课堂，头上戴着那顶清华园里独一无二的帽子，身上穿着多年前在英国留学时穿的西服。先生个子高，袖子、裤腿都显得有些短缩，别人看着别扭，先生却泰然自若。先生是江南人，讲课时却一字一字地咬着讲北京的普通话，把那个“八”字也叫得清清楚楚，一句是一句，不紧不慢，就像在写《背影》似的。他从来不大笑，也很少愤怒，与暴躁更是无缘，人如其名，表里如一，其潇洒的风度令人钦羡不已。

五、雄健型和秀婉型

（一）雄健型

雄健型教学风格强调教师具备蓬勃向上、积极进取、奋发有为、雄厚有力的特征。具备这类教学风格的教师往往是男性，这类教师在课堂上有着慷慨激昂的姿态、雄厚有力的声音，充满阳刚之气。总体而言，雄健型教学风格在内容气质上表现出热烈豪放，在表现风格上具备刚强健硕的特征，这种教学风格会对学生产生强烈影响，更适合高年级学生。

（二）秀婉型

不同于雄健型教学风格，秀婉型教学风格强调教师的教学内柔外秀、婉曲清丽，即在内容气质上内柔而婉曲，在表现风格上外秀而清丽，给人以阴柔悦舒之美感。教学语言声调柔和，抒情细腻，循循善诱，娓娓动听。此类风格中以女性教师居多。秀婉型教学风格常使学生感到如诉心曲的吸引力，此类风格尤其适宜于低年级学生。秀婉而不流于柔弱，才能保证风格的高品位。

例如，闻一多先生不仅是著名诗人，也是民主斗士，他的教学可谓典型的雄健型风格。他进课堂时，昂首阔步，气宇轩昂，手里抱着大叠自己写的稿本。在讲台上坐下后，他先慢慢掏出一包纸烟，对着学生笑一笑：“哪位吸？”同学们一阵哄笑，自然没人吸。他擦着火柴，点着一支，吸完后，开始上课。他讲的中国古代神话、《诗经》、《楚辞》等课，立论新颖，考证严密，论述有力，深受学生欢迎。至于《最后的演讲》，则更是将其雄健型风格推向至境。

六、蕴味型和明畅型

（一）蕴味型

这一类教学风格的特点是含蓄蕴藉、启发诱导、意味深长、发人深思。教学语言含而不露、言近旨远，时有哲理的闪光和睿敏的妙语。注意留下“空白”，让学生去想象、思考，从中寻得探索之趣。它含一蓄十，以少胜多，也要求学生能举一反三、闻一知十。此类风格追求的是情感的浓缩、意趣的蕴藉、韵味的隽永、影响的深刻。

（二）明畅型

这一类教学风格的特点是活泼明朗、爽快通畅、深入浅出、不枝不蔓。教学语言节奏明快、流畅自如，如清澈见底的溪流，欢快地注入学生的心田。教学过程脉络清晰，课堂气氛轻松和谐，学生学来入耳入脑。这类教学风格追求的是教学目的的明确、教学信息的畅通、教学策略的化难为易、教学方法的驾轻就熟、教学结构的前后贯通与顺势自然。

例如，钱梦龙老师在教学中注意使用“曲问”发展学生的思维能力，他认为：“‘曲问’者，活问也，问题多拐个弯，学生要多动一下脑筋才能作答，因而较能活跃学生的思维。我爱‘曲问’，力避‘直问’。”为了讲“孀妻”的“孀”，他设计了这样一个问题：“这个年纪小小的孩子跟老愚公一起去移山，他爸爸肯让他去吗?”这使教学既有趣味性，又有曲折性，增大了学生思维的张力。钱梦龙老师的教学应该属于蕴味型风格。

吉林特级教师吕志范对教学美的理解非常富有诗意，他认为教学应像“清清溪水随势而趋，潺溃奔泻于山岩、林丛、峡谷之间，那叮叮咚咚的声音如鸣珮环，是那样流畅自然”。他的教学，以明畅的思路、灵活的节奏、和谐的氛围、优美的意境，赢得了同行们的赞誉。所谓“山泉出谷是它的自然，珍珠落盘是它的顺畅”，吕志范老师的教学应该属于明畅型风格。

七、中间型和浑融型

对主体性教学风格序列中的综合性教学风格，依据其综合程度的不同划分为中间型和浑融型两类。

（一）中间型

以上单一性教学风格都是非常典型的，是按教学风格的成对性实行两极分割的结果。实际上在同一维度上还存在着两极之间的中间型教学风格，如情理交融型、演导兼顾型、寓庄于谐型、雅俗共赏型、刚柔相济型、师生合作型、实中有活型等，它们都以混合了两极的风格特点作为自己的面貌特征，往往具有更大的适应性。

（二）浑融型

浑融型教学风格不同于中间型教学风格，其站在了更高的角度对教学风格进行整合，对所选用的风格进行融合，博采众长，融合了所有风格的长处，兼得所有风格之美，实现多种维度的综合，塑造出一种卓然不群的立体风格之像。各种教学风格特点经过融合重组，浑然一体，呈现出博大精深、随机应变的突出特点。它是教学风格的最高境界和理想类型。

第二节　教学风格对学生发展的影响

在学校教育中，教学活动对于学生的发展有着深远影响，教学活动的主导者是教师，教师的个性、学识等直接关系到教学效果的优劣，而教学风格恰巧就是教师个性、学识的体现。因此，苏霍姆林斯基说：“假如孩子离开你时是灰色的、无个性的，那就意味着你没有在他身上留下任何东西，对于一个教师来说恐怕没有比这种结局更令人痛心的了。因为，我们称之为‘教育’的一切，正是在人身上再现自己的一种伟大的创造。”

学生，特别是处于青少年时期的中小学生，往往具有明显的向师心理，模仿力很强，可塑性很大，一个优秀教师的教学风格会对他们产生直接影响。苏联美学家尤·鲍列夫在其《美学》一书里深刻指出：风格能对人的意识施加强有力的影响。作品的意蕴和构思诉诸人的理智，作品的形象体系诉诸欣赏者的思想和感情，而风格却能在一瞬间，以信息飞跃的方式，传达出作品的总体特征。教师的教学风格对学生的影响不仅是直接的，也是全面的；教师形成教学风格不仅是个人的事情，更是关乎学生成长的重要教育影响源。

教师的教学风格对学生学习具有相当大的影响力。良好的教学风格有利于学生在学习过程中养成良好的学习心态，从而激发他们的学习兴趣，英语成绩也会随之提高。教学风格对学生的作用可以概括为以下三个方面：

第一，示范作用。教师在学生心中起着典范的作用，在与学生相处的过程中，较容易成为学生的学习对象。教师的言行会形成一定的教学风格，让学生自主按照教师的要求来规范自己的言行，从而能够及时纠正自己的错误，避免一些问题的出现，也能够更好地完善自己。英语学习不同于其他学科，只有教师与学生之间互动才能达到更好的教学效果，教师对学生而言起着协助和引导的作用。教师与学生之间和谐的关系能够促使学生主动学习，所以拉近与学生的关系在教学过程中非常重要，它能让学生更好地发掘自己的潜力，从而能够享受学习带来的乐趣。

第二，激励作用。教师良好的教学态度和积极的鼓励有助于学生增强学习信心。教师可以采取各种方式鼓励那些成绩不是很理想的学生投入学习中来，从而摆脱学习成绩不好带来的负面影响，让学生拥有学好英语的信心。教师还可适当指出他们学习不佳的原因，为他们新的成长提供一种有效的学习方法，或者引导、鼓励学生找到适合自己的学习方式。对于成绩较好的学生，教师在激励他们的同时还需要适时提醒他们摆脱骄傲的情绪，让他们了解学习英语是个日积月累的过程，只有养成良好的学习习惯才是学好英语的关键。

第三，熏陶作用。优秀的教师能够运用巧妙的教学方式来提高学生的学习效果。教师可以努力培养学生的“慎独”精神，让学生不断地完善自我，在长期的教育熏陶下不断成长，从而渐渐养成自我反思、自我教育的好习惯，促使学生能够把道德规范、行为准则内化为一种自觉行动，促进学生健康发展。

具体而言，教师的教学风格对学生有以下几个方面的影响：

一、教学风格对学生思维发展的影响

教师的教学风格是教师个性、思想、学识的体现，在很大程度上能够影响学生的发展和成长。从普遍意义上来讲，一个拥有“精细”教学风格的教师所培养出来的学生也具备相对应的学习品质和个性特征，教师在教学活动中传授的不仅仅是知识，还有很多于无形之中，通过潜移默化的方式传递给了学生，其中就包括教师的教学风格。一个教师在教学活动中时时透露出“严谨”的特性，在很大程度上也能帮助学生培养起谨慎、细致的思维特征，从而向着好的一方面成人成才。

北京特级教师王明夏对自己要求非常严格，说到做到，大概即属于前面提到的“精细、严谨”的教学风格，对其学生产生了巨大的影响。她的学生在回忆老师的文章中是这样写的：王老师的讲授，全是严密的逻辑推理，没有一句多余的话，甚至一个多余的字也没有。听她的课，不由得使你集中全部的注意力。因为在她的启发、引导、推理与判断中，你会隐隐约约感到有一种力量在吸引你，甚至在征服你。只有在她将黑板全部写满，并说“今天就讲到这里，请同学们看黑板复习，提出问题”时，我才惊讶地发觉，硕大的长方形黑板，简直变成了一页翻开的书，不过是放大了很多倍的书。我敢说班上的每一个人都在惊讶，哪个同学见过这样的板书呀！字是那么工整美观，行是那么直，行距是那么均匀，整个黑板面，真算得上是一件完美的艺术品。漂亮的板书并不是绝无仅有的，难得的是她永远能写成那样，更难得的是她必定是每节课写满一黑板，中途从不使用板擦，连错写一个阿拉伯数字或数学符号的时候都没有过。不仅如此，王老师总是在下课前三五分钟时结束讲授。她留给学生看板书、看课本，以及提问题的时间总是那么充裕。王老师改作业也严格到了极点，哪怕是小小的疏漏，或是格式不合要求，卷面不干净，甚至字体不工整等，她也要用红笔画出记号，或写出批语。在王老师的手下得五分可不是一件容易的事。然而老师那威严的外表下面，却包含着一颗慈爱的心。老师的严谨作风，带出了学生的良好作风。她教过的学生，无论作业还是考试大都是卷面整洁，条理清楚，格式完整。由上可见，教师形成的教学风格，直接影响到学生思维的形成和发展。

在课堂教学活动中，教师的思维方式可以通过教学风格体现出来，对学生的思维发展起到一定的影响。例如，某著名特级教师的创造性教学风格，促进了其学生创造性思维的发展，起到了很好的示范、诱导、激发的作用。如尽人皆知的“猪八戒照镜子”之举，似乎只能得出“里外不是人”的现成结论，但一经宁鸿彬老师“点化”，便生发出诱人的哲理之光，成为对学生进行求异思维训练的好教材。猪八戒听人说自己很丑，便亲自找来镜子照一照：果然丑得很。一怒之下，打碎了镜子。回头看那镜子的碎片，每片都依然照出一个丑陋的猪八戒。这个故事是宁鸿彬老师讲给他的初二学生听的。而后，在他的启导、鼓励下，学生们才思勃发，纷纷对故事的寓意进行多角度评析。有的从“邪恶和暴力征服不了真理”的命题出发，指责猪八戒“虽然打碎了镜子，却不能因此而变美”；有的从“衡量任何事物都要有一个正确标准的角度”立论，指出“猪八戒是猪，它和人来比当然很丑；如果它不把标准弄错，而把自己和猪相比，那么在猪群中它还是很漂亮的”；有的赞扬猪八戒“善于调查研究”，不轻信传言，“亲自找来镜子照一照”；有的则极力称颂“镜子精神”，“受威压它毫不示弱，被打碎它依然实事求是，从来都客观公正”。据宁鸿彬老师介绍，这堂课气氛活跃，学生兴趣极浓，至少有10种见解别出心裁，各具新意。当代著名语言学家吕叔湘说过：“教师培养学生，主要是教会他们动脑筋，这是根本，这是教师给学生的最宝贵的礼物。”宁鸿彬老师以创造性的教学培养学生的创造性，从而打破思维定式，在求异思维活动中使学生获得了这份最宝贵的礼物。根据相关教学研究发现，具有创造性思维的教师往往会别具一格地提出问题，引起学生的关注和思考，让学生的思维更具创造性，产生良好的教学效果。如果教师的教学思维比较呆板，学生很难具有一个开放性思维，在课堂上，学生会表现出畏首畏尾的行为，很难做到创新性思考问题。从中我们可以看出，教师的创造性思维对学生有着深刻影响。

二、教学风格对学生品德发展的影响

教师的教学风格在很大程度上体现着教师的价值观和道德观，在教学活动中，教师风格会对学生形成潜移默化的影响，主要体现在对学生价值观念、思想品德等方面的影响。苏联著名教育实践家和教育理论家苏霍姆林斯基曾告诫教师说：“应当记住，你不仅仅是活的知识宝库，不仅仅是一个专家——善于把人类的智力财富传授给青年一代，并在他们的心灵中激起求知的欲望和点燃热爱知识的火花。你们是塑造一代新人的雕塑家，是不同于其他雕塑家的特殊雕塑家。教育人，造就真正的人，就是你的职业。”教师教学风格对学生心灵的触及，甚至会给学生留下终生难忘的印象，并且时间越久，其印痕越深，不可磨灭。教书和育人自古就统一在优秀教师身上，教人做人的“人师”一直比单纯教书的“经师”更受学生和世人的赞许。北京大学袁行霈教授在教学中注重处理好古代文学教学与教书育人的关系，努力探索寓思想品德教育于知识的传播和美感教育之中的新路子。他注重道德与文章的统一、人品与学术的统一的传统，把教书和育人两个方面和谐地统一起来，既向学生传授知识，又使他们不知不觉间提高了思想道德水平，并随时随地以自己的品行和治学态度影响学生。他认为，教书育人并没有什么“方法”，也不必有意去追求某种效果，只有从自己做起，才能臻于化境。所以，在袁先生的文学课堂上，对学生的思想品德的教育已完全融于知识的传播和美的陶冶之中，高尚的情操，纯朴的感情，对大自然对人民的爱，对真理的执着追求，对腐朽势力的鄙视与抗争，都会在无形之中感染学生。著名哲学家、美学家黑格尔曾经说过：教师是孩子们心中最完美的偶像。教师在做好自己的形象管理的同时，一定要关注到学生，教师是师生关系中的主导者，要将学生的获益最大化作为自己的目标。教师应当明白，好的教学风格并非教师肆意展现个人才华的结果，而应是有助于学生个人发展的营养剂。

教师的教学风格是在教学实践中经过历练而得以升华的。实践证明，在教学活动中，学生不仅要听教师怎么说，还要看教师怎么做，教师的一举一动都会引起学生的注目，而且会对学生产生一定的影响。因为对学生来说，“教师也是教育过程中最直接的有象征意义的人物，是学生可以视为榜样并拿来同自己做比较的人物”。乌申斯基甚至认为：“教师个人的范例，对于青年人的心灵，是任何东西都不可能代替的最有用的阳光。”有人曾在学生中调查过这样一个问题：什么时候你的心灵受到了强烈的震动？学生的答案是：“脚扭伤后老师每天用自行车推我到校上课”“看着老师大扫除时额上的汗水”“看着校长在校门口拾棒冰纸”“教师公开做自我批评”的时候。中小学学生，甚至大学生都会模仿教师的行为，教师的为人处世、治学态度和方法，都会直接地对学生产生影响。斯霞老师根据自己的亲身体验，曾深刻而又形象地指出：要当好一个人民教师，还必须严格要求自己，处处以身作则，为人师表。教师不仅是在教书，更是在教人。尤其是小学生，常常把教师当作自己的楷模，孩子对父母的话不一定听，对教师的话却唯命是从，为什么呢？因为在孩子的心目中教师是知识的化身，教师是自己学习的榜样。的确，教师开启了孩子走进知识宝库的大门，教师时时刻刻在影响孩子的发展。因此，教师的一言一行、一举一动，都要能够做学生的表率。凡是要学生做到的，教师必须做到；凡是要学生不做的，教师也一定不要做。斯霞老师正是在教学中将自己的思想品德境界提高到了相当的水平，才使自己的教学形成了“母爱教育”的风格特点，给学生思想品德的发展带来了那么深刻久远的影响。好的教学风格对学生思想品德的影响会代代相传，形成良性循环。

我国著名遗传学家谈家桢学成回国时，他的老师，美国的实验胚胎学家摩尔根对他说：“我看到一个年轻的中国人超过了我，我希望有更多的青年人超过我，也超过你。”谈家桢在老师的影响下，也把培养学生超过自己作为目标。当他的一个学生在微生物遗传方面取得成绩时，谈先生非常高兴，为学生审阅论文初稿，提出修改意见，并推荐给有关杂志。论文发表后，有人为他担心，劝他说：“你要加快跑步了，否则学生会追上你，超过你！”他爽朗地回答说：“这样好。如果学生始终停留在老师的水平上，那就是教育的失败。我的愿望就是要学生超过我。”不久，谈先生收到了他的老师摩尔根的贺信：“我终于又看到一个年轻的中国人超过了我，也超过了你。值得骄傲的是你亲自培养了超过你的学生。”

三、教学风格对学生审美发展的影响

风格属于美学范畴，其本质是美，没有美就没有风格。应进一步加强对教学风格的审美研究，从审美特征上把握教师教学艺术的本质和精髓。成熟的教学风格所带给学生的审美享受，是强烈感人的。

不管是什么课程，都应该注意到教学风格能给学生审美带来很好的引导作用。特级教师于漪的教学风格就曾引起热议。曾经有位学者听了特级教师于漪的课后，深有感触地说，他坐在学生中间，思想完全投入到了讲课中去，忘记了自己是听课者。有人说，听于老师的课，是一种艺术享受。他的话说出了许多人的共同感触，为什么人们会觉得听于漪的课是一种艺术享受呢？因为于漪的课堂教学不论是什么风格、不论从哪个角度，都鲜明地体现了一种审美的倾向，于漪的课堂教学已经达到了一种自由的境界，自由就是美的本质。可以这样说，美是于漪课堂教学的总体倾向，是她多风格的教学的总体风格。于漪的教学自觉不自觉地将“美学法则”作为其教学的灵魂，或者说她将美的灵魂赋予课堂教学的“肌体”，使之按照美的规律运转起来，将传授知识、培养能力转换成种种美的形象和审美活动，体现了鲜明的审美特征。其运转过程所表现出来的和谐性、自由性、形象性、情感性等特征，构成了其课堂教学的美感因素，使之具有了无限的艺术魅力，从而形成了于漪课堂教学美的风格。学生在这种教学风格的课堂中听课学习，如沐春风，如观名画，如聆妙曲，如临幽境，乃是一种很好的审美陶冶，有助于学生审美情感的升华和审美能力的增强。教学风格的美感效应的发挥，有赖于得到学生的回应和欣赏，没有知音者的参与，也就无所谓“高山流水”之美。吴咏慧曾在《哈佛琐记》中给我们提供了一份感人的记述：下午的课是席克拉（Judith Shklar）教授的“古代政治理论”。她是第一位留在哈佛任教，同时获得讲座教授殊荣的女性，著作等身，尤以研究卢梭、黑格尔驰名。瘦瘦高高的，讲课声调比起别人高八度，置身讲堂，如在乐厅聆听歌剧，一些抽象的观点都被她讲得活灵活现。她讲课很能考虑到真实感，把距离遥远，甚至玄妙不可捉摸的思想从九重天拉回人世间来。能够把抽象的思维具体化谈何容易，但这正是席克拉教授吸引人的地方。记得她讲圣·奥古斯丁（S Augustine)的《上帝之城》（*The City of God*）时，那种庄严中又带有落寞的表情，至今犹令人回味。那个表情充分体现出一个伟大时代的落幕那种悲壮感。每逢她授课完毕，学生无不报以热烈的掌声，使得席克拉教授必须再三谢幕，才下得了讲台。后来，她苦于应付这烦琐的礼节，干脆规定学生下课后不准鼓掌。想想这位教授，不也是一绝吗？一位教授能受到学生的如此欢迎，足见其教学风格之得到认同和深入人心；一群学生被教授幽默地禁止鼓掌，每念及此大概都要会心一笑。师生之间的教与学，又是充满了多少审美的情趣啊！这种教学风格的审美效应，确实令人神往。

四、教学风格对学生个性发展的影响

丰富多样的教学风格让教师的教学变得更加精彩纷呈。事实上，有独特教学风格的教师会更加容易让学生记住。富有独特的教学风格一方面是教师教学个性的体现，另一方面是吸引学生的重要手段。《和青年校长的谈话》的作者苏霍姆林斯基在其著作中表明：教师的个性发展受到广泛关注，在众多教育学相关问题中，教师的个性问题尤为重要。如何培养出有个性的学生，其重点是教师要有独特的个性，这种个性会体现在教师的教学风格上。因此，教师教学风格对学生个人发展有着深刻的影响。陶行知曾从哲学和美学角度，把学校与花园做了比较后指出，学校不是别的，“只是一个‘人园’，和花园有相似的意义”。理想的教学，应当使“人园”里面的人“都能各得其所，现出各人本来之美”，以构成整体之美。而最可怕的是将“花园”当成了“草地”，“因为花园变成草地，只需轧草夫来把草儿轧得一样整齐就行了。这种教育普及之日，便是中华民族生机完全毁灭之时”。这是值得所有教育工作者深刻反思的。教师的教学风格和学生的个性发展确实存在着非常直接的关系，一些实证研究也充分说明了这一点。如有的研究者把教师的个性与教学表现方式分为民主与权威两个维度，结果发现民主方式教学下的学生比权威方式下的学生活泼、外向，较受朋友尊重，好奇心强，富有创造力。还有的研究者从爱与敌意或冷淡两个维度进行研究，结果发现充满爱的教学方式能使学生产生热情，富有情感，有较强的灵活性、适应性和变通性；而充满敌意或冷淡的教学方式则使学生产生冷漠、无情、独断专行、呆板的个性。

在众多的教学风格中，以形成学生独立个性为追求的人本主义教育家罗杰斯（Carl Rogers）的“非指导性”教学风格是非常鲜明的。罗杰斯认为教学的最终目标是使人成为自由独立的个人，“使他们自由地表现本性，自由地趋向自己的归宿”。教学成败的关键不是在于教师的专业知识和教学技巧，而是人际关系、情感态度。他强调在教学中要开放经验、保持生活充实、信任自己的机体、有自由感和创造性。一位接受这种教学的学生对这种教学风格的体验是：“对我来说，你采用的方法是我们意想不到的，在你的班里我受到尊重，是在成长，并能够自己独立工作。我总想自己独立地思考，这种需要只有通过生活才能实现，而仅仅通过教科书和讲课是不可能实现的。我认为你把我看成是具有真情实感和需要的一个人，是一个有独立性的个体。我讲的和做的，都如实地表现了我的内心活动；你也认识到这些。你并不按照计划，可我是在学习。从这个学期开始，我似乎感觉到自己更有生气、更加实在。我喜欢一个人独处，也喜欢和别人在一起。”很显然，学生的个性受这种教学风格的影响，也变得优化起来，以至执教多年的老师也会产生“从未见到过这样完整的人（whole person）

在课堂中涌现出来”的感觉。罗杰斯曾经强调：“人们似乎有一种成为真正自己的强烈愿望。这种愿望是一个有利的因素，它促使人摒弃他生活中常用的面具，促使他去发现和体验隐藏在面具后面的陌生人——他自己的被掩盖起来的部分。”使学生发现自我、成为自己，塑造个性，优化发展，也是教学风格教育价值的又一体现。心理学家布鲁斯·塔克曼（Bruce Tuckman）于1969年做过一个很有意义的实验。他的研究目的是想了解教师的教学风格与学生的个性有何关系。他用“指导程度”这一术语来衡量教师的教学风格，从而把教师的风格分成高的指导程度和低的指导程度。所谓指导程度，是指使用惩罚，不给学生改正错误的机会，一言堂，填鸭式，课堂管理气氛压抑，师生之间等级森严等等。这就是说，指导程度高的教师往往具有权力主义或武断专制的特点，而指导程度低的教师往往具有民主或平等主义的特点。塔克曼的研究发现，由于教师风格具有高的指导程度和低的指导程度，因而他们的学生也分为“具体依赖”和“抽象依赖”两种。所谓“具体依赖”，是指学生用刻板的方法加工信息，高度依赖权威。所谓“抽象依赖”，是指学生用灵活的方法加工信息，不受暗示影响，高度自治。塔克曼的结论指出，抽象依赖的学生对指导程度不高的教师评价很高，并且常常从这些教师那里得到高分；而具体依赖的学生对指导程度高的教师，常抱敬而远之的态度，当他们转到指导程度低的教师门下时，他们的成绩不比在指导程度高的教师门下差。

美国著名心理学家贝蒙（D J Bem）竭力倡导用“肯定的评定”策略来改变学生的态度和行为。他在大量的实验与研究之后指出，如果经常使用“否定的评定”，就会逐渐使学生用一种否定的方式评价自己，如“我品质不好”“我不聪明，搞不好学习”，随之他们的态度、行为就可能向这种否定的自我知觉支配下的行为方式趋近。研究表明，学生的成就动机高低与教师的教学风格存在相互作用。例如在一项研究中，研究者利用问卷调查区分出两类成就倾向的学生：一类学生希望能够通过自己的努力，不依附于他人而提高学习成绩；另一类学生恰恰相反，他们更倾向于通过对教师需求的迎合和满足来促进自己的学习成绩提升。调查者通过和教师的交流，根据交流的结果将教师分为两种类型，一类是鼓励独立型，一类是要求依存型。前者会给学生更多的成长空间，让他们更加自由和独立地完成学习；后者往往会给学生提出很多的要求，促使学生在自己事先设计好的方向上发展，他们倾向于“控制”学生，让他们顺从自己。

教师的教学风格集中体现着其学风特点，在教学中潜移默化地起着无言的示范作用，影响到学生学风特点的形成和发展。我国著名科学家林栋梁曾撰文谈到其老师的学风对其发展的影响，他写道：周志宏老师的三严（严肃、严密、严格）学风，也是我们深受教益永难忘怀的。早在青年时代，他就得到一个雅号："周吹毛"。有人说他做学问太严格，严格到吹毛求疵的地步，他听后置之一笑，仍然坚持"吹毛求疵"的态度。因为他认为，科学就是科学，容不得半点马虎，更不可有丝毫虚假。做实验有人凑答案，改数据，使之"理想化"，可他坚决不走这种"捷径"，他老老实实地照"笨法子"做，不怕麻烦，不怕失败，白天做不完，晚上一个人到实验室再做。他的这种严肃认真、一丝不苟的作风，表现在各个方面，即使是在最基本的环节上也是如此。例如拍摄金属显微组织图片，他每一个环节都不马虎，连显影、定影这些技术性极低的活儿，也是一板一眼地做得十分道地，常常是把整个夜晚时间花在这上面，用清水反复冲洗，直到照片上没有一丁点儿化学溶液为止。正因为如此，他拍摄的金属显微组织图片，经受得住历史的考验。他拍摄的金相图为苏联鲍尔豪威诺夫的权威著作《金属学》所采用。他五十年前拍摄的一张金相组织图放大后被作为艺术品至今还陈列在美国密苏里大学冶金系陈列室里。在研究纯铁马氏组织时，纯铁磨品要用手工研磨成厚仅一二毫米的薄铁片。由于过薄，手指都磨得渗出血来，可他决不半途而废，非到成功决不罢手。他的一丝不苟、严肃认真的学风深深地教育着我们，我在他的教导下，精心设计实验，反复进行观察，用老设备得到了新结果，在国际上首先用电子显微镜观察到了金属中晶界位错的电子衔衬象，得到了国际同行的赞赏。但是，如果学习者过分注重了老师风格中形式的东西，那就很难把握其深在的精髓，从而成为"无能的模仿者"。英国哲学家维特根斯坦以自己两部艰深晦涩的著作影响西方哲学界几十年，至今不衰。为维氏作传略的冯·赖特教授曾说过这样一通话：维特根斯坦自己认为他作为一个导师对于他的学生独立精神的发展所产生的影响是有害的。他的个性和风格的魔力极为诱人且富于说服力。向维特根斯坦学习而不采用他的表述形式和习惯用语，甚至不模仿他的声调、他的姿态和手势，那几乎是不可能的。一个伟大的学说往往是单纯和自然的，因而使困难的东西显得易于掌握，而他们的弟子却往往成为一些无能的模仿者。赖特教授这一番话实在发人深省。

第三节　初中英语课堂教学风格对教学效果的影响

一、鲜明的教学风格有利于教学效果的提升

教学风格是教师综合能力的反映，在教学过程中教学方式对学生以后的发展有着直接影响，而教学风格对学生的学习具有直接且全面的影响。要想培养自己的教学风格，教师可以养成边读边学、边写边想的阅读习惯，让自己在互联网时代中能够获取有价值的信息，增加自身的知识素养，从而改善自己的教育理念；教师需要针对自己的教学记录做相应的教学笔记，从而能够在其中总结出教学得失，得出更有效的教学方法；教师要擅长将自己的理论实践到教学过程中，只有将自己的想法实践，才能让理论得到进一步创新，从而渐渐形成一种良好的教学风格。教师可以通过观察优秀教师上课来总结经验，也可以通过与教研人员的交流来获取有用信息。

要想形成独特的教学风格，教师需要对教学内容有独特的处理方式，并拥有独特的教学语言。

二、因人施教、因材施教有利于帮助学生在课堂上取得好的学习效果

要想让学生实现学习目标最大化，这就要求学生的学习风格和教师的教学风格相匹配，教师要积极关注学生，根据学生的个性特征等采取相对应的措施。比如对于活泼好动的学生，教师可以将其座位安排在教室门口；学生喜欢行为表达，教师可以让学生站在讲台上为其他学生做演示；等等。当然了，不同的学生有着不同的学习方式和学习能力，所以教师可以针对学生的实际英语水平和个体差异来调整自己的教学方式，尽可能做到因人施教、因材施教，使每位学生都能在课堂中取得最好的学习效果。

三、多元化的教学内容和灵活的教学风格使课堂更具活力

高层次的教学风格更能受到学生的关注，更能影响到学生。教师应能够在借鉴其他优秀教师教学风格优势的基础上保持自己独特的教学风格，具有灵活性和创造性。能够在课堂上根据不同的情况和不同的学生做出相应的反应，让学生在学习过程中感受到学习的乐趣，同时培养学生的思维能力与语言运用能力。能够采用多元化的教学内容让教学知识更有趣，让教学课堂更具活力。所以，教师在教学过程中应该采用有效的、多层次的教学风格，才能让学生得到更大的进步。

案例分析

笔者的自述

一、笔者的教学风格

自毕业从教以来，笔者一直喜欢钻研课堂教学、研究授课艺术。通过不断的教学实践、总结和学习，渐渐发现自己所追求的英语课堂教学风格可以用简单的八个字来概括，那就是“愉快交流、思维碰撞”。

（一）愉快交流

这里的“愉快交流”主要体现在课堂中师生、生生能够用英语开展愉快的交流。

愉快交流既是目的，也是手段。一方面，英语本身就是一种语言，对于学习一门语言来说，其主要目的是能够使用这种语言进行交流。简言之，它是交流的一种工具。作为英语教师，我们必须尊重英语作为语言的本质特征，体现出它的工具性。笔者将教学目标设定为：学生能在掌握基本的英语语言知识的基础上，逐步形成用英语与他人交流的能力。另一方面，愉快交流又是一种教学手段，营造轻松愉快的学习环境更加有助于学生的英语语言学习。在交流中，

语言知识得到巩固和应用，语言技能得到培养和提升。而且，平时课堂里愉悦的交流有助于建立良好的师生关系。“亲其师、信其道”，教师和学生之间的关系不应该是刻板的、冷漠的，双方只有在保持和谐、轻松愉快的氛围下才能让教学效果实现最理想化，学生也会更乐意接受教师的教育。愉快交流有助于培养师生间的积极情感，它可以促进学生更好地去学习语言。

培养学生用英语交流的习惯和能力，并非一朝一夕就能完成。这要求教师在课堂上主动去营造一个轻松愉悦的环境，一步一步引导学生，积极参与到课堂当中，主动做知识的接收者。笔者在课堂上总是想方设法让全体学生参与进来，营造好的环境，在开始新的课程前设置一些与课堂内容紧密相关的情景化场景，鼓励学生用英语交流，培养学生开口说英语的兴趣。此外，为了让学生养成使用英语的习惯，在课后可以给学生提供一些与所学课文相关的话题，这些话题往往能够让学生自由发挥，开展交流，便于讨论，让每一个学生都有开口说英语、表达自己观点的机会。当然了，要了解和掌握学生使用英语的情况，教师必须采取一定的方式和手段，比如递交讨论报告、课堂展示等等，教师也要根据学生的表现及时予以成果反馈，鼓励学生做得好的方面，对有欠缺的地方也要提出来，帮助学生改进。鼓励学生开口说英语不但能够提升学生英语表达能力，也能够让学生产生更多的成就感，以此来激发学生学习、应用英语的浓厚兴趣。

（二）思维碰撞

在笔者看来，教学中的“思维碰撞”是指师生、生生能进行有思想的多维互动的学习活动。

思维碰撞是教学的手段和过程，通过思维碰撞，能够达到教师和学生互换思维，培养双方思维品质的目的。恩格斯曾经高度赞誉人类的思维活动，称它为“地球上最美丽的花朵”。一个人有多大的思维能力，他就有多大的创造能力，要想从事创造性活动并从中取得优异成果，就必须具备较强的思维品质。布鲁姆教育目标分类理论认为，人的认知思维过程从低级到高级分为六个层次：记忆、理解、应用、分析、评价和创造。而发生在较高认知水平层次上的心智活动，则为高阶思维。它在教学目标分类中表现为分析、评价和创造。哈佛大学心理学教授珀金斯（Perkins）认为，日常思维，就像我们普通的行走能力一样，是每个人与生俱来的。但是，高阶思维，就像百米赛跑一样，是一种技术、技巧上的训练结果。赛跑选手需要训练，才能掌握百米冲刺技巧。同样，高阶思维能力的形成需要教学活动的支持。

在日常英语课堂教学活动中，要重视思维碰撞英语课堂的构建。从某种意义上讲，思维碰撞不仅能够提升学生的思维品质，更能够让学生对英语学习产生兴趣。在课程教学中，学生可能会对不同的文本产生不同程度的兴趣，要从学生自身的兴趣出发，设计一些能够开拓学生思维的问题，一步步引导学生思考并发表自己的见解。当然了，这个过程并非一蹴而就，需要教师的耐心指导，是个长期的过程。初中英语教师应当想方设法为学生打造思维碰撞平台，打造思维课堂，让学生的思维碰撞并且迸发出智慧的火花。

二、个人教学风格养成记

（一）初出茅庐，主动学习

2000年，笔者从兰州师范高等专科学校英语教育专业毕业至兰州市第十一中学工作。

刚工作时，为了让自己在学生面前看起来有威严，经常故意板着脸上课，笔者的英语课可以说是严肃有余活泼不足。而事实上，笔者并不是一个严肃的人，在内心深处，也渴望能和学生打成一片，实现无障碍交流沟通。当时笔者的英语课还存在着一个大问题，那就是讲授太多，操练不足。所幸，笔者及时地认识到了这些问题。在英语组前辈们的关怀和鼓励下，笔者开始积极地学习和探索，不放弃每一个校内外听课和学习的机会。笔者模仿、借鉴和运用一些学到的好方法到课堂教学上，努力让学生形成一种观念，即学习语言不是仅仅学课本上的内容，不是会读会背就是成功，重要的是会围绕一些话题来交流，流畅的应用才能算成功。渐渐地，听课的老师们评价笔者的课轻松愉快、活动点子多。2005年，笔者参加兰州市第八届教学新秀评选，获得了兰州市教学新秀的称号。2009年，笔者获得了一个去青岛参加第三届全国初中英语课堂教学优秀课展评的机会。那一次在青岛，笔者听到了来自全国各大名校的优秀教师的课，这些展示课仿佛在笔者面前打开了一片新天地，当时心里就感慨原来英语课还可以这样上！回来后，笔者的听课笔记本都被翻烂了，反复琢磨着这些课。功夫不负有心人！2010年，笔者所带班级的中考成绩比市级示范学校平均成绩高出18.6分，在学校排名第一。2011年底，在全市教学开放周活动中，笔者成功地开出了一节英语听说教学公开课，被评为兰州市“优秀教学观摩课”。同年，笔者被评为兰州市县区级骨干教师。这是对笔者极大的肯定和激励。

（二）恩师助力，风格渐显

2012年，在兰州市教育局的组织和安排下，笔者和其他七位来自不同学校的英语老师加入了付建美名师工作室，成为工作室首届学员。工作室的几年里，笔者忙碌而充实。这几年里，笔者阅读了付老师推荐的教学理论书籍，第一次把课堂观察从书本中用在了实际教研上；这几年里，上研讨课，写论文案例，在实践中反思前行；这几年里，跟随付老师送教下乡，外出学习，在兰州的多所学校留下足迹；这几年里，参加了多次教学研讨交流会，在学习生活中领悟老师同仁的情谊。在工作室学习的几年收获满满，在恩师的引领下，笔者不断地实践，不断地反思，通过名师引领，进一步成长。

在工作室的第一次活动中，笔者承担了公开课任务，课题是八年级上册第三单元《我比我姐姐更外向》（Unit 3 I’m more outgoing than my sister.）听说课。课毕，自我感觉良好，貌似学生一如既往地配合积极，课堂氛围愉悦。然而，付老师开门见山，给了笔者犀利的点评，指出了课堂问题所在。她说课堂的思维含量不足，学生的思维存在着差异，怎样让学生的思维在课堂里发生碰撞，让课堂的生成更精彩，这才是一节课最该有的亮点。笔者虚心聆听，认真记录，一字一句，认真思考着恩师的意见。恩师的话仿佛为笔者打开了一扇窗，提供了更开阔的视野。在往后的教学中笔者开始注重自己的教学设计是否启动了学生的积极思维，在愉快交流的基础上，还要追求思维碰撞。笔者的教学渐渐地更上一层楼，恩师的评价慢慢多了“有灵气”几个字。在工作室的日子里，笔者收获颇丰，如2012年获得兰州市中学课堂教学竞赛一等奖及甘肃省中学课堂教学（说课）比赛一等奖。2013年获得第七届全国初中英语课堂教学优秀课展评一等奖及最佳教学设计奖。同年，获得第九届全国外语教学观摩研讨会优秀课展评一等奖及最佳教学设计奖。2014年，在“全市初中高效课堂教学开放周观摩研讨活动”中，笔者所上的观摩课被评为优质观摩课并获一致好评。这在笔者的专业成长道路上可算是一件大事，特别感谢恩师当年的倾囊相授和肺腑之言！

（三）小有成绩，继续打拼

2015年，笔者被评为兰州市市级骨干教师，有幸成为兰州市骨干教师培训班的一名学员。研修期间接触到了许多更优秀的人，也阅读了更多的书籍。这是一段自省、明智的历程。笔者研究并思考着，痛并快乐着。

那时候，作为英语教师，笔者在教学设计时都会认真考虑课堂内是否能给学生提供充分参与英语活动的机会。精心设计的教学情境和任务活动，或让学生静心倾听，或动口交流，或动眼观察，或动手写作，或自主学习，或合作探究，自然穿插在课堂上，使学生亲身感悟到英语学习的乐趣。学生们很爱上笔者的课，课堂里经常笑声不断，他们在参与课堂交流活动的过程中，不仅学到了知识，更重要的是运用了语言。至此，笔者得到了更多学习和培训的机会，在大家的帮助下，迅速成长。2015年至2020年，笔者上的课分别获得甘南州、民乐县优质课一等奖，永靖县、崇信县优秀示范课，临洮县、榆中县优秀观摩课等奖励。无论何时何地，笔者都会毫无保留地与老师们分享自己的教学心得。

2016年，笔者受聘为省级专家，参加甘肃省教育科学研究所教研小分队，赴广河县开展示范课与讲座培训；同年受聘为“国培计划（2015）”——宁夏永宁县教师培训团队送交下乡项目（西北师范大学）初中英语主讲教师；2018年受聘为兰州市中小学教师资格面试考官；2019年受聘为兰州市初中英语学科特聘兼职教研员。

2017年，笔者的语音教学案例、词汇教学案例和语法教学案例入选《义务教育课程标准解析及实施策略：初中英语》，《词汇教学设计》课例在甘肃省2019年学前、中小学、高等教育教学优秀论文（教学设计、案例）评选活动中荣获一等奖。

2020年和2021年，笔者承担了兰州智慧教育名师在线四节公开课。

2022年，笔者上的课获得临夏市优秀教学观摩课、红古区优质示范课等奖励。同年9月，笔者荣获2022年度“兰州最美教师”称号，2023年，笔者被评定为甘肃省中小学骨干教师，笔者的工作和能力再一次得到了肯定。

教育的目的就是使人身心得到和谐的发展，“以人为本”的教育无疑是最佳的教育模式。师生若能每天徜徉在“愉快交流、思维碰撞”的英语课堂里，那将是多么幸福的一件事！已从教二十三年的笔者对教学工作从最初的喜欢到如今的深爱，在今后的工作中，笔者定当不忘初心、砥砺前行。

第六章　初中英语教师教学风格形成策略

第一节　风格形成的误区

一、形成不良教学风格的原因

教师形成不良教学风格的原因有很多，从对初中英语课堂教学课程的把控方面分析，形成不良风格可能有以下几点原因：

（一）课程理念的缺失

一方面是缺乏总体教学目标观。部分英语教师对于教学目的没有一个清晰的认知，在实践教学活动中“人云亦云”，如培养学生语言应用能力时忽略对学生文化意识的培养等。另一方面是缺乏总体课程观。虽然新课程改革已经开展了很长时间，但仍有些英语教师没有将其教学观念转变过来，没有完全遵循新课程改革的理念，缺乏教学研究和学习。主要表现在：教师没有很好地掌握教材内容；教学形式单一，只拘泥于英语教材；忽视教学活动中学生的主体地位，侧重于培养学生的应试能力，忽略学生的英语实践应用能力。

（二）课堂教学的缺失

一是缺乏对学生的关注。在教学活动中，有的教师将工作重心放在教学任务的完成上，忽略了学生掌握知识的情况，尤其是忽略了学生的个体差异，用统一的标准来衡量不同的学生。事实上，学生之间也是存在差异的，因此教师应当针对不同的学生采取不同的标准，避免同一个班级里出现两极分化的现象，让学生重拾英语学习的兴趣。

二是没有找准合适的目标定位。在对所学课程进行回顾复习的教学活动中，有的教师将重点放在了解答难题方面，忽略了学生是否掌握最基本、最基础的知识和技能。此外，在教学版块中，都存在着语言输入，其中有些语言或知识并不要求学生掌握，一些教师没有搞清楚，仅凭自己的理解盲目拓展或加深教学目标和教学内容，加重了学生的学习负担，致使部分学生对英语学习失去了兴趣。

三是对教学资源利用不当。主要表现在教师滥用教学资源。当前，市面上充斥着各种各样琳琅满目的教学课件和辅助参考资料，有的教师不加以甄别，完全拿来为己所用，统统灌输给学生，没有认真考虑教辅是否符合课本要求，是否能够被学生所接受。

四是反馈练习设计不当。反馈练习是教师了解学生对知识掌握情况的窗口，通过反馈练习，教师可以适时调节和改进教学活动中存在的纰漏，做到心中有数。因此，反馈练习是教学活动中不可忽视的一个环节。在现实教学活动中，教师在设计反馈练习时往往会忽视以下几点：

1. 没有为学生提供真实的语言环境

教学中，有的教师还沿用传统的语法教学模式，只一味偏睐于语言知识的训练，认为掌握语法知识后，学生就能够自然而然地使用英语，这种观点是错误的。学生在做语言练习时一定要有一定的语言环境，只有这样，学生使用英语交流的能力才会得到锻炼。

2. 设计的练习远远超出学生实际水平能力

比方说，课程标准对初中阶段定语从句的要求定位于理解层次，但仍有部分教师将定语从句作为重点和难点，要求学生能够熟练运用。

3. 重视反馈练习结果，忽略过程

在实践过程中，有的教师重在完成反馈练习，而不重视练习的细节，比方在提出问题后，自己很快就宣读答案，没有留给学生充足的时间去思考问题。

4. 设计的练习缺乏连贯性和整体性

学生无法通过课堂学习构建完整的知识体系，初中英语课堂教学的关键在于初三的复习阶段，在教授初三学生时，教师应当设计连贯性、整体性较强的知识体系的练习。复习要有代表性、连贯性，教师要把握不同册次和单元的知识，为学生提供效率最高的练习设计。

五是多媒体的滥用。多媒体在英语课堂教学中发挥着重要作用，因其能够提供生动活泼、形象逼真的语言使用场景，使教学活动变得更加生动。但是，有些教师在课堂教学时过于依赖多媒体教学，忽略了教学本质，将重点放在多媒体的使用和展示方面。一节课下来，学生只记住了教师是怎样操作多媒体的，或者观看了一些花里胡哨的图片或视频，对于英语知识的掌握却很少。

（三）教学能力的缺失

1. 缺失教学理论

虽然教师都经过专业培训，具备教学资格，但是这也不能保证每位教师都有完备的教学理论。部分英语教师教学理论缺失，或者虽然有教学理论但是比较分散，不成体系。这些英语教师自然很难取得好的教学效果，实现教学目标。

2. 不具备命题和识别题目优劣的能力

现如今，市场上的教学资源形形色色、多如牛毛，有的教师不管教辅的质量如何，只是一味地拿来“为我所用”，脱离教学实际的教材被用于教学活动，只会“百害而无一利”。部分英语教师因为缺乏英语命题机会，导致命题能力欠缺。

二、避免风格误区的方法

教学风格的形成是一个曲折而漫长的过程，对于初中英语教师，特别是缺乏教学经验的年轻教师来说，应当静下心来，踏踏实实做好手头的工作，这是培养和形成教学风格应当具备的基本心理素养。如果教师急于求成，囫囵吞枣，不但不会形成好的教学风格，反而对于自身成长和发展有害，无益于教学成果的提升。在形成教学风格的过程中，教师要根据自己的实际情况，如年龄、性格、学识等，针对所面对的学生群体的不同，通过不断的教学实践，不断总结、吸取经验教训，改进和完善自己的教学方式，逐渐形成教学风格，在这个过程当中要规避以下几点：

（一）避免不良风格

并不是所有的教学风格都是可取的、值得学习的，在教学实践中，我们往往会发现有的教师的教学风格并不符合教学实际，不利于教学活动的开展。如，有的教师讲课时喜欢“天马行空”，讲授的内容不符合课本要求和学生能够理解的水平；有的教师喜欢“夸大事实”，为了吸引学生的注意力，在授课时经常加一些“玄乎”的东西，违背客观事实；等等。教师在形成教学风格中要有意识地避免这些不良风格。总的来说，不良风格可以分为以下几种类型：

1. 教学方式死板，教学质量差

虽然网络媒体等新兴技术被应用到了教学活动中，但是部分初中英语教师没有掌握应用新媒体技术的能力，一些用于教学的科技产品处于闲置状态。教师依旧沿用传统的教学方式，没有对教学方式加以创新，无法激发学生的学习兴趣，学生英语学习的积极主动性自然而然就会大打折扣，更谈不上提升英语水平和能力了。对于初中学生而言，他们的无限潜能和想象力有待激发和发掘，如果教师还是用传统的教学方式给他们传授知识，可想而知，教学效果并不尽如人意。

2. 教学目的偏离方向

作为一门语言学科，英语学习的目的主要是应用与实践。但是在当前初中英语课堂教学实践中，普遍存在着注重教学成绩、忽略对学生英语应用能力的培养的问题。这使得教学目标偏离原本方向。在初中英语课堂教学中，英语语法是贯穿于初中三年教学的重点，但是部分教师在讲到语法时只是一句话带过，还有的教师直接放弃了语法的教学。英语教师对于学生成绩的过分关注最终会导致学生应用能力的下降，学生通过“死记硬背”的方式学习英语，但根本不会使用英语，这就是英语课堂教学的一大失败。因此，英语教师要避免走向该误区。

3. 过度依赖教材

有的英语教师将课本作为唯一的教学来源和依据，在课堂上只围绕着课本内容进行教学活动，他们要求学生将课本上所有出现的知识点都掌握，不会对课本内容进行衍生。毫无疑问，这种“呆板”的教学方式没有一点点新意，是不可取的。这种过度依赖教材的教学风格会导致学生在英语学习中把握不住学习的重点，也就很难提高英语水平和能力了。

4. 强调听说教学，忽视读写训练

读写能力和听说能力一样，都是掌握英语必备的基础素养。有部分教师，对于教学大纲认知比较片面，认为英语课堂教学的唯一目的是让学生掌握使用英语进行交流的能力，从而忽视了对学生读写能力的训练。在教学活动中，教师对于学生不做任何关于读写的要求，面对一篇课文，学生很难把握其脉络，读不懂，也就写不出任何东西了。

5. 片面理解五步教学法，照搬教师用书

英语课堂教学中的五步教学法指的是：复习、介绍、操练、练习、巩固，是英语课堂教学中常用的方法。部分教师不管学生能不能接受，机械地使用这个教学方法，脱离了教学实际情况。还有的教师，在授课时仅仅利用自己手中的教师用书，将课本抛在一边，为学生讲授教师用书中的内容。这种教学风格是对学生客观学习情况的背离。

（二）避免盲目追求

初中英语教师不应该只是一味地追求教学风格，教师的重点应当放在提升学生学习能力和掌握知识的水平上，如果教师将所有的精力都放在追求自己独特的教学风格上，那无疑就是本末倒置。衡量一个教师教学成就的标准是看他的言行符不符合教学规范，看他所教的学生知识量的掌握情况等等，教师应当认清这一点，不能把追求完美的教学风格当作自己教学活动中的“头等大事”。

（三）避免生硬模仿

对一个没有形成教学风格的教师来说，在开始教学初期往往会选择模仿他人的教学风格，我们并不否定这种学习的方式。但需要注意的是，这种模仿是“借鉴式”模仿，不是“全盘吸收式”模仿，不能一味地照抄他人的教学风格。教师面对的学生不同，自然而然在教学风格上也有所差异。正如国画大师齐白石所说的：“学我者生，似我者亡。”模仿要坚持自己的本来面貌，从他人身上获得长处，来弥补自己的不足，而不是搬用别人的教学风格。

（四）避免风格僵化

虽然教学风格形成的过程很漫长，需要耗费很多的时间和心血，但这并不意味着一旦形成教学风格，就不会再有变化。教师在不断的教学实践过程中，其教学风格也是在不断地变化、趋于完善中。有人说过，要是教师在他的职业生涯中，一直保持同一种教学姿态，从未有过变化，那他并不是一个理想的教师。教师应当树立这样一种意识：不断精进自己的教学风格。没有一劳永逸的事情，教学风格的形成也是如此，教师要通过不断的实践，通过对学生意见的采纳吸收，不断改进自己的教学风格。

第二节　初中英语教师教学风格的养成

一、行使教学自主权

教师因其职业特性被外界赋予一种特殊的权利，这就是教学自主权，通过行使教学自主权，教师可以对教学事务加以主导和支配。作为教师专业自主权最核心的一部分，教学自主权要发挥其作用，需要教师主动作为，以高度专业的权利意识、自觉主动性来保障该权利的行使。同时，教学自主权还受到法律、政策等外部条件制度性的保障。

（一）具备教学权利意识

在开展教学活动或者进行其他教学事务时，教师必须具备教学权利意识，这是教师开展一系列教学活动的先决条件。一名合格的教师不会让自己的教学活动受制于外部环境的干扰和影响，而是合理行使自己的权利，让教学活动在自己的控制下得以开展，这是创意教学的必备要素。

教师行使教学自主权的范围是学校，在学校，教师应当积极参与学校的教学管理活动，对学校的发展出谋划策，并根据实际情况开展自己的教学活动，制订有助于学生发展、成长的学习计划，获得属于自己专属的教学权利。事实上，教师的教学自主权可以细分为三个方面的内容：一是教学方法和形式的自主选择权。教学方法和形式并不是单一的或者固定的，教师有权根据自己的教学规划选择或制定独特的教学方法或形式。需要注意的是，教师做出这一行为需要以学生为考量，确保让学生获益最大化。二是教学内容的重点选择权。教师的教学依据是国家规定的课本，教师在熟练掌握课程课本的前提下，可以根据教学实际情况，如学生的基础知识水平、接收能力，调整教学内容的重点，精心设计课程内容。三是奖惩手段使用权。教师有权根据教学开展情况对学生的表现加以奖惩，需要注意的是，奖惩要适当，以最大化鼓励学生的积极性或者让其改正错误。

除了以上三种教师最基本的教学权利外，教师还拥有教学表达权、教学研究权、教学能力发展权、学生教育与班级管理权等。

要想形成更加完备的教学理念，践行更好的教学行为，教师必须获得充分的教学自主权。教师专业化发展路径有两条，分别是教师作用的改变和专业教育的重建。专业教育的核心是受到认可的专业知识和工作自主权，这要求教师必须具备明确的教学权利意识，知道哪些事是国家鼓励教师干的，哪些事是明令禁止的。

真正拥有教学自主权是提升教师专业地位的一个重要方面。吉鲁曾经提出，要使教师从狭隘的专业技术训练中解放出来，扮演促进社会转型的公共知识分子，或跨越边界的文化教育工作者，成为领导课程改革、教育改革和社会改革的中坚分子，就必须摆脱各种外在的束缚，走上内在成长之路。作为有独立意识、有个性化的教师发展，他不盲目地听从于各种“常人”的标准，而能对自己的教育活动时常进行深刻的反思，并保持对教育的敏感性与批判意识，能自主、自由地投入他所喜爱的教育活动之中。

如果一位语文教师伫立于讲台，感到“我就是语文”，一位数学教师巡弋于教室，觉知“我就是数学”，彰显的就是其课程的自主决策权。谢弗尔森指出，教师的基本教学技巧是决策，优秀教师和一般教师的区别不在于提问和讲述的能力，而在于知道何时去问一个问题的决策能力。在适当的时候，在适当的地方，对适当的人做出适当的行为。也就是突出“此时此地”感，关注教育中的情境和时机。教师应成为“彰权益能”的有决策意识的教师。这要求教师在教学活动中要具备权利意识，积极主动实施自己的权利，在教学活动中展开探索，发现存在的问题并提出解决方案，不断改进教学实践活动，发挥个人优势，培养和形成有自己特色的教学风格，利用创造性思维，实现个人在教学上的成就。

（二）勇于维护教学自主权

教师的教学权利是国家授予的，因此，当教学权利受到侵犯时，教师应当主动争取和维护自身的教学权利。在教学实践活动中，教师的教学自主权表现为教师的选择权、拒绝权和创造权，教师应当竭尽全力，确保教学自主权正当行使。

第一，教师应当敢于维护自己的教学选择权，在教学实践活动中根据现实情况选择教学重点内容、教学手段和评价策略。第二，教师应当敢于维护自己的教学拒绝权，当所接收指令、要求、指示不符合教学基本规律，违背教学原则和学校要求时，可以加以拒绝；当教学内容、课程、教材不符合教育要求，不符合学生实际情况时，教师有权拒绝。第三，教师应当敢于维护自己的教学创造权，教师的教学创造权与创新关系密切，要想创新，就需要发挥教学创造权，教学创新是教学创造权的一种体现。因此，在教学活动中，教师要开展创新性教学，充分发挥教学创造权，创造新的教学方法、教学评价手段、教学组织形式等。

（三）合理使用教学自主权

教学自主权不同于教学自主性，前者是外界赋予教师的一种权利，很多时候由学校领导或者教育专家予以管理和调整；而教学自主性是教师对教学活动的支配和主导，通常是源自于教师的内生动力，属于其独特的心理特征，受制于教师自身的心理层面的调控。教学自主权与教学自主性是相互制约、相互支持的关系。教师要合理使用教学自主权，最重要的是发挥自己的教学自主性，只有这样，才能最大化保证教学自主权的行使，也有助于专业自尊和教学创新的形成。教学自主性的具体表现，在很大程度上受教师所拥有的教学自主权大小的影响，教学自主性要想发挥作用，就必须依靠教学自主权作为保障。作为教师主观能动性的体现，教师的自主性在很大程度上影响教师能够获取的教学自主权的大小。良好的教学自主性有助于教师把握好所拥有的自主权，并进一步使教学自主权发挥其应有的作用。如果没有自主性参与的自觉审视与积极调控，教师对教学自主权的使用就可能失之草率和武断而缺乏理性。

在教学自主性与教学自主权的双重作用下，才会产生真正的教学创新，因此，要求教师在教学方面有所创新，必须要满足这两个条件。比如，随着社会进步，学生也在发生着变化，这就要求教师摒弃传统教学方法中不合时宜的部分，重新设计教学方案。再比如，有的教学模式可能适合某部分学生，但是并不适合另外的学生，这就要求教师根据学生的差异性自主地进行调整，这个过程当中就包含着教学创新。一方面，要求教师具备教学自主性，能够根据教学实际情况调整和改进教学方法；另一方面，要求教师具备教学自主权，有权选择使用符合教学情境的方法，可以做出相应决策。当前，随着新一轮课程改革的实施，国家对教师的相关政策要求进行了调整，教师从业的政策环境产生了变化，主要体现在教师在教学内容的确定、课程的安排上面拥有了更多的自主选择权，不再像传统教学中依靠对教学、教材、教学参考书的统一安排，新变化要求教师开展更多创新性教学活动，发挥更大的教学自主性。事实上，教师发挥教学自主性的过程也是扩大教学自主权的过程。

目前，不管是对于教师开展教学创新还是专业化发展，教学自主性都发挥着不可或缺的作用。试想，一个在教学方面没有任何自主性的教师怎么可能会干好自己的本职工作呢？教师要想开展好教学活动，就必须秉持积极的教学理念，对自己所做的工作怀揣敬畏之心，以高度的责任感和使命感，在教育事业上播撒自己的教学热情和希望。教师有了教学自主性，就会刻意调整自己的教学方法和手段，将教学看作是无上崇高的事情，积极开展教学活动，这是教学创新的基础。当前在教育领域中，有关将充分的教学自主权下放给教师的呼声越来越多，同时也呼吁注重调动和提高教师的教学自主性，让教师成为富有创新性的教育者。教师一旦缺乏教学自主性，教学创新也就无从谈起。

合理使用教学自主权还应当正确处理教学制度和教学个性的关系，教学制度和教学个性之间并非对立面。教师专业决策权的张力是指教师在专业领域内决策权的自由行使与规约因素的相互联系和相互制约的作用关系。教师的教学个性一方面可以促进对学生个性的培养，让教学的规律性和目的性统一，让教学变得更高效；另一方面，教学个性能够彰显教师独特的教学才能和教育思想，是教师在课程设计、教学方法方面获得教学自主权的体现。

自尊与独立性、自主性不可分离。教学自主是教师专业自尊的动力源泉和核心部分，也是实现教师专业自尊的必备要素。具备专业自尊的教师一方面善于维护自己的教学权利，另一方面也能通过发挥教学自主性实现教学创新，获得更多的教学自主权。如果没有教学自主，教师很难实现专业自尊；反之，教师实现真正的专业自尊，意味着教师必然享有充足的教学自主权和教学自主性。

二、培养教育思想

行动通常受制于思想，思想是教师行动的先导。这里的思想，主要是指能够影响教师教学实践活动的教育思想。一个具备独特教学风格、有个性的教师，也必然会具有独特的教育思想。教师要想获取真正的专业自尊，首先应当培养独特、自由、深邃的教育思想。

（一）培养独立的教育思想

独立的教育思想，并不是指教师一定要特立独行，将自己的思想与外界割裂开来，而是在面对教学活动时，教师具有自己独特的认知和思考方式，这种教育思想不是随便盲从别人的观点思想，也不是故意否定他人。教师应当具备独立的思想，这是教育思想独立的前提，只有这样，教师才能摆脱外界的束缚，形成自己的专业思想。有自己的教育思想、教学主张，这是教师专业自尊的表现，也是教师专业自尊的深层原因。

我们常说当教师要有良心，而良心分权威主义良心和人道主义良心。人道主义良心“不是我们期望其高兴、惧怕其不高兴的权威之声的内在化，而是我们自己的声音”，它“不仅代表着我们所表达的真正的自我，而且也包含着生活中我们之道德体验的本质”，表现了人的自身利益和人的完整性；而权威主义良心则是受外部权威性影响或压力而产生，与人的顺从、自我牺牲或“社会适应性”相联系。弗洛姆认为：“每个人实际上都有两种‘良心’，问题是要区分它们各自的力量和相互关系。”

一个有独立教育思想的教师，通常善于在教学活动中发挥自己的主观能动性，通常勤于思考，坚持自己的站位和立场，而不是随波逐流，容易被别人牵着鼻子走，将别人的想法和教学成果拿来变为自己的。在涉及教学的每一个环节，教师都能够用自己的教学思想指导自己的教学行为，不断地总结并完善自己的教学方法，并重新巩固完善自己的教学思想，如此不断反复提升，教师就会形成更加完备的教育思想。教师承担着“教书育人”的任务，要用自己的实际行动做好学生的行动向标。总之，教师要培养专业自尊，必须具备独立的教育思想。

人因为思想而变得更为尊贵。一个有自己思想的人，就像是大海上航行的船，有着自己的方向和归宿。思想的重要性在于，可以让人变得与众不同，有着坚定思想的人不会人云亦云、随波逐流。在人的思想的指导下，才会做出行为动作。对于教师而言，形成自己独特的教学思想尤为重要，思想来源非常广泛，可以是教学实践，也可以是书本，抑或是其他渠道。

从古至今，人类历史上涌现出无数的思想家，充分说明思想的重要性。思想是人的根基，人因为思想而变得更为伟大。思想是无形的，但能够通过有形的东西体现出来，比方著书立说，虽然人的生命最终会走向终结，但思想的产物并不会消失，反而随着时间的流逝获得了永生。很多名人在很早前就将思想的重要性阐述得很清楚，比如笛卡儿把理性看作是人的一种天赋的辨别真伪的能力，是人人天然地、均等地具有的能力；卢梭曾说：“产生自尊心的是理性，而加强自尊心的则是思考。”作为教育者，教师要认识到思想的巨大潜能，善于独立思考和反思，让自己的思想保持高度独立性。

既然思想具有如此重要的作用，那么教师应当如何形成和培育自己的思想？在前文中笔者曾经提到过，思想来源很广泛，但是最主要的来源还是对自己教学活动的深刻观察、记录和分析。教师不但是课程的设计者，更是课程的观察者、研究者。教师要时刻关注自己的教学情况，从实践中丰富自己的思想认知。思想还源自于教师的专业自信和专业认知，教师应当阶段性地反问自己：我拥有着怎样的教师形象？我是一个好教师吗？我能否把我掌握的知识最大程度地传授给学生？我有哪些需要改进的地方？当教师在教学中形成自己的独立思想后，才能游刃有余地开展一系列教学活动。

一个有思想的教师，在感性程度方面占据着劣势，往往是非常理性的。有思想的教师所追求的事物，也是理性的，比方独立、自由。有思想的教师会有批判精神，在看待事情时往往采用辩证的态度，比较全面。

（二）独立性与教师自我

真正的教师自我和独立性有着紧密的联系，可以说没有独立性，教师自我也不会有。要求教师有思想，其本质是要求教师具备独立性。教师在教学活动中面临形形色色的情况，面对社会潮流，要保持教育本真，面对不同的学生，要因材施教，引导学生成人成才。因此教师必须具备自己独立的思想、独立的姿态。教育并非空口说白话，也不是对课本的照搬和照教，而是对人的灵魂的教育，通过教育，学生不但能够掌握最基本的专业知识，更重要的是，能够选择在自己未来的人生道路上成为什么样的人，掌握在这个社会安身立命的本领，这要求教书育人者——教师——必须具备独立性。

教师这一职业能够长期存在，在根本上依靠的是教师的独立性。没有了独立性，也就谈不上教学特色、教学风格了，更不可能出现优秀的教学水平和教学才能。社会中的个体，也必须先成为独立的自己，才能够谈得上完成工作、学习，才能够更好地生活。

教师应当对自己的教学理念和水平有一个清晰的认识，并相信自己。当然，教师的这种观念有部分来源于外部环境的认可和肯定，但是教师必须将自身认同的教育特征融入教学生涯中，只有这样才能收获更加坚定的自己，获得源源不断的内驱动力。

要想获得独立的成就，需要有独立的自尊心。主体性与独立性紧密联系，主体性包含了独立性。没有独立就达不到高度专业化，高度专业化必然有高度的独立性。专业自尊包含了专业独立的成分，是一种独立的自尊心。

具有专业自尊的教师不会放弃教育原则而一味去讨好学生、讨好家长，即使被孤立也不放弃自己的教学立场，与同事的专业合作也不等于专业屈从。他们一方面敢于争取和运用教学自主权，另一方面又积极发展自己的创造能力和智慧，形成自己的教学特色、教学风格。

“身正为师，德高为范”，教师要想教出怎样的学生，自己就应该是那样的。相信每一名人民教师都有高尚的追求，想要成为一名优秀的教育者，最先要做的就是奋力追求，让自己成为一个优秀的人，一个具备高尚品德、具有独立精神、具备自由思想的人。

(三）打造独特性

教师独立性的体现还在于能够在教学中独树一帜。在现实的教学实践活动中，教师往往按照预先设计好的教学方法和内容，参照执行教学方案，被动地执行教学活动，缺乏一定的主动性和教育热忱。

因为专业自尊，教师会格外重视自己教学独立性、教学个性的形成，打造教学中的独特性人格。

帕克·帕尔默告诉我们，如果总是试图克隆导师的风格，我们也会把自己迷失在一种不属于自己的认同中。“我开始寻找一种与我自己的本性更契合的教学方式，这种教学方式要与我自己的个性整合，就像我导师的教学方式契合他的个性一样——我的导师之所以有魅力，关键是他在他的教学方式和他自身之间找到了一致性。我开始了一个漫长的过程，试着去理解作为一个教师我所拥有的个性，并顺着本性去学习可能有帮助的策略。尽管有时候我需要用讲授法，甚至可能喜欢用这种方法，但是如果一直用单向讲授法我会感到沉闷：因为通常我都知道接下去要讲什么，而且要讲的都是我以前听过的。然而，对话法能让我保持活力。我要倾听，反馈，作即兴演讲，我更有可能听到来自我自己和来自别人的一些深刻的、让人意料不到的想法。这并不意味着讲授法是错误的教学方法，这仅仅说明我的身份特质跟我导师的不一样，我更适合用对话法，这样才能充分发挥自己的天性。这表明要把教学技巧用在其适当的位置，从而发挥好教学技巧的作用。我们更多地了解了自我独特性，我们就能学到展示而非掩饰自我个性的技巧，优秀教学则从中产生。我们不需要像专业主义文化鼓励我们去做的那样，用教学技巧来掩盖我们主观本来的面目。相反，我们可以利用教学技巧使自我天资更好地表现出来，从中产生最优秀的教学。”

就像自然界中的植物一样，每种植物都有自己的命运，即使是相同种类的植物，也会因为各种原因遭受不同的命运。人类也是一样，都有自己的生活、成长方式。教师也要发挥自身的独特性，实现个性化发展，才能在教学活动中取得优异成绩。

批判教育学认为，教师在推进教育改革、促进教育发展过程中起着重大作用，教师对教育所持有的态度受到外界的影响，一旦他们的内生动力被激发，教师就能全身心投入教育改革过程中。教育得以发展不仅仅依靠外部的力量，更多是依附于教师内在的动力机制，需要教师不断反省提升。教育者要从自己的内心寻找力量，用来抵制外界形形色色的诱惑，开启智慧教学的道路。总而言之，教师要有坚定的意志，有自己独特的想法，不能随波逐流、一味模仿别人的教学风格，而是要在自己选择的道路上一直坚持走下去。

不管怎样，教师都要在教学活动中找到一条适合自己发展的路径，抵制平庸日常里的无聊和琐碎，让日常教学活动增添趣味和温度，用辛勤的汗水和不懈的付出让自己收获思想的自由，行使并拓展自己的教学自主权。教师要充分发挥自己的聪明才智，让自己在教学领域里得到自由成长，让自己的内心变得丰盈和充实起来。

教师在自己的教学实践中不断反思、不断学习，最终会形成独立的教学思想。教师有了独立的思想，就能够在教学实践中发现自己存在的问题，并加以反思和改进，形成自己独到的见解，进而积累成为教学思想，打造自己的独特性。

一个有独立性的教师并不会对外界中的所有观点加以否定和拒绝，而是在面对这些事物时，能够加以辨别，保持独立思考。正如罗素所说的："我们所需要的，既不是驯服，也不是反叛，而是善良的性情以及对人对新思想的友好态度。"教学活动是复杂的、多样的，这要求教师具有独立性，能够有创新性地工作。

三、在研究中确立专业自我

教师要想具备更高度的思想，成为一个具有高度专业自尊的个体，不能忽视研究的作用，在教学实践中，将教学与研究融合到一起。这里的研究是个较为宽泛的概念，主要是指教师要用研究的心态，反思自己的教学行为，以便达到更高的目的。教师要在研究中找寻解决现有问题的最优办法，并提出自己独特的观点和思想，将自己的优势和长处发挥得淋漓尽致。当一个教师开始重视和加强教学研究时，他会获得更加丰盈的职业生涯，在教学过程中获得长久生命力。

（一）在教学中秉承一颗研究的心

在获得专业性方面，教师不仅要取得职业资格认证——通过教师职业资格证考试，更要在教学工作中秉持研究的心态，让自己变得无可替代。在教学中秉承一颗研究的心，在不断研究中增长教学才干，是教师获得成长的又一重要途径。

教师的知识储备、教学能力集中体现在教师的教学智慧上，教学智慧在很大程度上影响着教学的有效性。教学智慧是一种特殊的知识类型，往往体现在教学技能的掌握和教学理论的应用之中，教师在课堂上带领学生一起探索新知识的过程就是教师创造智慧的过程。因此，教师应当怀揣一颗好奇的心，与学生一起遨游在知识的海洋中。在传统教学中，教师在教学活动中缺乏研究性，因为不良的教学习惯和工作方式的影响，导致教师在形成教学智慧方面落后了一大截。

教师要形成自己独具特色的教学风格，必须以研究的心态对待教学。通过不断的教学研究，一方面教师可以增长自己的才识，充实自己的知识储备量，另一方面可以促进教师自身得到更好的发展。教师必须深刻认识到教学研究对自己的重要作用，才能因此产生源源不断的内生动力。在教学研究过程中，教师是处于思考、追寻、创造的过程，同时，教师的专业性素养也会被唤起。

我国学者王长纯先生曾指出："日常的教育教学活动是教师专业发展的生动深厚的不尽源泉。教师专业发展就是要实现对每日每时的常规教学的问题解决，对教与学现有发展水平的超越。这应当是以人为本的教师专业发展的最终意义所在。""让教师成为研究者，究其本质，就是期盼教师以思考者、追问者、探究者与反思者的姿态来看待教育教学中的一切现象或事实。"

在教学活动中，教师可能随时会碰到这样或那样的问题，面对这些突发事情时，教师要以研究的心态对待。以好奇的心态对待未知的事情，这也是教育独特的魅力所在。

（二）在反思中确立自我

1. 教师反思的自我意义

教学研究的方式包括反思，反思是教师在其教学活动中逐渐形成的一种自省行为。教师要秉持一颗研究的心对待教学，就必须是反思型教师。反思型教师能够通过教学活动中的不断反思改进自己的教学行为，进而得到更加广阔、有利的发展。事实上，在教学活动中并非教师单方面影响学生，反过来，学生也在影响和改变着教师，教师应当认识到这一点，虚心地接受学生对自己的意见，进而改正自己的不足，最终实现双方共同成长的目的。

通过教学反思，教师可以清晰地对自己的精神世界有个认识和了解，教师会认识到自己和其他教师之间存在的共性、差别，了解自己的优势和不足，继而发展自己的优势，弥补不足，让自己的教学做到有的放矢。反思的过程并不只是发现问题的过程，更是开创新思维的路径，反思给教师的发展点上了浓墨重彩的一笔。

开展教学反思是教师与自己进行对话的过程，通过反思，教师能够了解自己的状态、处境。正如人在接受知识时需要理解和顺应一样，外在的对话也只有通过自我对话并得到自我的认同才能真正成为自身的一部分。正确的观念并不是凭空出现的，而是人在不断地追求更深层次的认知，在不断地进行自我“对话”的过程中产生的。

教学过程是繁杂而琐碎的，教师应当通过繁杂的教学认识到教学的本质，因此，教师不仅仅要在教学实践中不断反思自己的教学行为，更要深刻认识到教学行为背后的教学理念，这在很大程度上会促进教师的专业化发展。因此，教师要重视对教学意识和理念的反思。

美国学者得圣吉在其学习型组织理论中谈及心智模式时指出，在人的内心深处存在着根深蒂固的、影响人们认识与改造世界的心智模式。这种模式如果不合时代改革的趋势，就会阻碍系统思考和组织学习，成为一些改革难以“绕开的、隐在暗处的顽石”。教师如果没有将自己头脑中错误的教育观念清理出来，那些与已有观念不符的科学教育观念就很难进入教师内在的认知结构。教育采用的方式不是靠外部规范，而是靠理智的反思的自明自断，在反思中改变心智模式。因此，具有专业自尊的教师应“做一名反思性实践家”，保持经常的教学反思。

实践知识、学科教学知识与教学智慧都具有高度的个人化特点，它们不仅受到学生特征、教学目的、外界环境的影响，而且受到教师个性特征以及处理问题的方式等的影响，这势必造成不同教师具有自己独特的方面。实践与反思是教师学科教学知识、实践性知识形成的根本动力和原因之一。教学智慧也主要是通过教师个体经验积累、实践感悟、教学反思而逐渐生成的。正如帕克·帕尔默所说，在我们与学科的命题概念和学科的生活框架相遇之前，自我意识只是处于潜伏状态，通过回想学科是怎样唤醒自我意识的，我们就可以找回教学心灵。

美国心理学家波斯纳的研究表明："如果一位教师仅仅满足于获得的经验而不对经验进行深入的思考，那么，即使有20年的教学经验，也只是一年工作的20次的重复，除非善于从经验反思中吸取教益，否则就不可能有什么改进，永远只能停留在一个新手的水准上。"因而他提出了"教师成长=经验+反思"的著名论断。叶澜教授也指出："一个教师写一辈子教案不可能成为名师，如果一个教师写三年教学反思就有可能成为名师。"

2. 教师反思的操作要领

教师的成长过程是一个缓慢的，对教学活动不断总结和反思的过程。在教学活动中，教师应当乐于反思、善于反思，改进、创新自己的教学活动。教师要自觉地反思自己的教学行为，以一个旁观者的身份审视自己的所言所行，在对自我审视的过程中改进自己的教学活动，不断激励自己向上向善，推进自我革新，进一步提高教学效能。

自尊的修炼是必需的，是有明确目标的，也是有一定方式的。反思无疑是教师自尊修炼的重要方式，通过反思不断否定自我，更新思维形象，但这种否定不是完全的自我否定。

其实，在自尊的修炼过程中这是一个悖理：既需要不断地肯定自己，又需要不断地否定自己。肯定自己是为了建立信心，增强效能感和成功体验，形成自己的教学风格和个性；否定自己是为了清醒头脑，对症下药，开放地吸纳先进的思想与新的时代特征，找到更切合自己的最佳发展方向。

教学反思不应只是对教学过程中知识与技能传授的反思，也应对在教学过程中师生的情感、态度、价值观进行反思，而对自己教学观念、教学态度、教学行为进行反思是其反思的重点。杜威认为，反思型教师具备三个重要特征：第一，开放的心态。用一种积极的心态去倾听多方面的意见，而不是固守一种观点。第二，责任心。这种责任心指仔细地思考行为所导致的结果。第三，执着。执着的教师经常对自己教育的假设、教育信念及其教育教学行为的结果进行检查，并以学习的态度走进各种教育教学的情境，努力理解自己的教育教学，理解影响学生的方式，并从各种角度去理解不同的教育教学的情境。

"教育叙事"是自我反思的重要手段，教师通过对其专业经历的深度描述，从个体实践中零星的、分散的、片断的经验和不系统、结构化程度很低的观念，逐渐形成新的专业体验与感悟；重新审视过去教育生活中司空见惯的行为与习惯，发现其中细微的教育蕴涵，从而把作为叙事者的教师自身的思维触角引向自我教育的深度。在叙事中，教师不仅能进行自我反思、回归自我，而且能更深刻地理解课程和改革的内涵，同时教师也能找到一条参与教育研究的合法途径。拍摄自己的课然后回放，是反思的一种有效途径，这可以使我们对着“镜子”以听课者的身份了解自己上课的情形。

反思可以是深刻的，也可以是肤浅的，深刻的反思需要认真。认真进行反思后，我们可以透过教学表象发现更深沉的问题，如目标的偏差、主体的缺失、差异的忽视、实践的淡薄、本质的丢弃等。“如果教师研究不能触动教师质疑、反思自己在长期经验基础上形成的结论，其意义就会大打折扣。教师的自传叙事不应该是去叙述那些无论对自己还是对别人都司空见惯的故事，而要在看似无问题的地方发现问题，揭示惯常行为背后潜藏着的认知图式、预定的假设、心照不宣的东西、‘集体无意识’、‘缄默的知识’等，进而摆脱传统的禁锢，获得一种内在的启蒙和解放的力量。”

反思要求教师具备强大的勇气。在教学环境中，存在很多功利性思想，要想实现教育理想，就必须具备拥有摒弃一切杂念的勇气。拥有了这种勇气，教师可以不断反思自己的教学行为，不断地突破自己，磨炼自己的意志力。在反思过程中，教师要有直面自己的勇气，包括不断反省甚至否定自己。

反思要求教师具备真诚的态度。要求教师所开展的反思，并不是浮于表面、流于形式的。只有饱含真情的反思，才是教学活动顺利开展的助推器。美国著名教师帕克·帕尔默说过：“只有我们教师与自己的内心对话，我们才有资格说教师深入到学生的内心中。心灵深处直对心灵深处才产生共鸣，如果我们不能发出我们内心深处的声音，我们当然听不到学生内心深处的声音。”教师要认真审视自己的心态，聆听来自内心深处的声音。

我们经常说要真正地热爱学生，为学生负责。然而在教学过程中，我们往往一讲到底，话语霸权，课堂成了教师自我表演的场所。帕克·帕尔默给我们介绍了汤普金斯惊人坦率的直白：“作为一个教师，我感到自己的困扰在于没能帮助学生学习他们想要了解和需要了解的东西，而是向学生显示我有多聪明，向他们显示我知识多渊博，向他们显示我备课多认真。我就是在进行一场演出，其真实目标不是帮助学生学习，而是以此使他们对我有一个好的评价。”由于害怕自己的不称职暴露出来而极力使自己在讲台上的行为熟练、巧妙、沉着。在这种教学过程中，学生除了学会像教师一样怎样掩饰、炫耀，学会某种东西的可能性却越来越小。

这是对过度使用教师人格面具的深刻反思的典范。这种反思一针见血地指出了处于我们意识或潜意识中的言语与行动背后的真实动机到底是什么。须知这不是真正地热爱学生，为学生负责，而是在表演为学生负责，实际上是在为自己负责。真正的学习过程是学生自己内部发生变化的过程，是学生对信息进行加工改造、融入自身认知结构的过程，而不是教师一味地自我展示。

学校应该是教师一辈子的精神皈依。教师的幸福应该是圣洁的，是日高日远的觉悟，是不断地拷问与扬弃。每一个教师专业自我的发展过程，就是实现一个知识分子真正专业尊严的过程。只有如此，才能给教育带来真正的、崭新的希望。

（三）在研究中发展个性

1. 教师研究的个性发展价值

在教学活动中，对教学相关问题进行深入研究就是教学科研。钱伟长院士说过，教学没有科研做底蕴，就是一种没有观点的教育，没有灵魂的教育。通过教学科研，教师能够更深层次地了解教学，实现解放自我，筑牢教育个性发展理念。我们不难发现，那些具备高度专业自尊的教师通常具备很强的科研意识和素质。教师应当将科研理念贯穿于自己教学实践的一生，贯穿于自己的整个职业生涯。

教师开展研究，一方面能够解决教师在教学工作中遇到的问题，进一步增强教师的专业化能力，另一方面可以使得教师这一职业更具尊严和生命力。开展教学研究是教师“自主性”的体现，这表明教师并非是在外界的理论和经验下开展工作，而是依靠自己的思想，凭借自己动脑来完成自己的职业生涯，这让教师职业变得更加精彩。从某种意义上来说，教师的教学研究并不仅仅是研究，更是对自己的一种“升华”。

教学科研可以让教师获得自己专业的相关知识，研究是一种技术和技能，建立在理论基础知识和系统研究之上，这使得教师这一职业具有了与其他职业相比非常显著的特征。通过研究，教师可以摆脱无效的知识，重新构建知识体系，进一步增强专业自尊。教师还可以利用教学科研增强知识的储备，发现自己在某些方面存在的不足，比如说观念的陈旧、知识的匮乏等等，进而查漏补缺、补长短板。

当前，教师面对新课改的挑战，加强教学科研显得尤为重要。新课改认为，教师在教学活动中实现预设和生成的辩证统一。预设即教师在开展教学前进行的准备工作，形成对教学结果的预期等，即便教师将其预设开展得十分细致，也可能存在忽略学生内在需求和学习体会的情况，导致预设缺乏创新性和动机性。事实上，教师应当制定的很多教学目标都具备遮蔽性。如何实现教学目标最优化效果？该选用何种教学方法？怎样知道是否达到了教学目标？评价依据是什么？等等。这些问题是传统教学中没有出现过的，问题的答案也没有统一标准，这要求教师应当具备研究精神，能深入开展教学科研，进而解决实际存在的问题。

同时，从事教学科研，是教师获得职业解放的必由之路。教师研究的价值应定位在关注教师的“教育自我”。在英国课程论专家斯坦豪斯的课程理论中，他针对把教育视为机械地传递文化的趋向和教育中的“遵照执行”观而提出了“解放”一词，按照他本人的解释：解放的本质即专业自主。它可以用来回避一言堂式的家长作风和权威论，转向依靠自己的思考和判断。而通向解放的一条有效途径，就是“教师作为研究者”。教师作为研究者，不仅成为解决教育理论与教育实践长期脱离的问题最为有效、最为直接的途径，而且使教师不再成为变革的牺牲品而是成为变革的力量。教师获得职业解放包含两种意义：第一，教师职业作为一种专业，整体上获得专业自主；第二，教师个人的解放，教师个体不再把这种职业作为一种负担，而将其视为自己生命的实现过程。前一种解放是职业目的，后一种解放是个人目的。要实现这两种解放，都离不开教师的研究活动。

在传统的教学科研中，教师的知识并没有合法地进入学术台面，他们的教学特色与个性也难以显现。长期以来，在技术理性思维的支配和控制下，教学科研越来越被赋予“科学化”“程序化”“规范化”的特征，从而使得教学科研逐渐被人看作是某些专业人员的“专业”，成了置身于直接的教育教学过程之外的“研究者”的专职。教师角色因此被假设为被动的教学专业知识与技能的

“消费者”“遵循者”“模仿者”。

从根本上看，教育活动并非单纯的、简单的一种社会活动，它在高度复杂的社会环境中受到各种因素的影响，教育行为产生于特定社会背景当中，有着较为鲜明的指向。其复杂性主要体现在教育不仅仅影响个人的发展，也会导致某种社会后果的产生。因此，教育活动并不应该被认为是一种简单的技术活动，教师也不是简单的懂技术的人员。人本主义心理学家库姆斯认为：对于优秀教师而言，没有什么必须遵循的“固定章程”，他们都有独特的个性和教学风格，这种独特性往往通过教学活动体现出来。

虽然教师是教学活动的主导者，但在预判问题、解决问题方面，教师应当自己开展研究，而不仅仅是作为被研究的对象等着他人来研究。在进行研究时，教师应当具备高度的敏锐性，能一针见血地提出问题关键所在，通过细致的观察、严谨的推理、精确的判断来细究自己的教学，开展创新性教学研究活动。

当前，教师队伍中的个体水平参差不齐，从整体而言，多数教师还不能达到“在自己的专业领域内开展独立研究、创造”的水平，这说明教师还有很大的职业上升空间。教师的教学科研作为一种实践性行为，能为教师成长和个人职业发展带来诸多帮助。例如，通过教学科研，教师可能会学到一种解决问题的新思路、新手段，这其实就是创造的过程。通过研究进行创造并培养具有创造精神和能力的人，将提升教师这一职业的价值与尊严，也将最终提升教师的专业地位，实现教师的专业化。

哈贝马斯认为，人的认识兴趣可以分为三个不同等级，即技术兴趣、实践兴趣和解放兴趣。处于“解放兴趣”阶段的教师研究有如下特点：第一，教师主体研究意识的充分觉醒。教师认识到自身是教育教学活动的承担者和主人，意识到自己的研究正在促成工作生活的变化。第二，研究凸显教师的生命力量。在教学科研中，教师不仅要有扎实而全面的专业知识和教育技能做基础，更要有工作的激情和活力做保证，能使自己的生命潜能得以释放，能让自己的创造才能得以发挥，最终达到生命与事业高度融合的境界。

近年来，在世界教育改革的声浪中，教育科学得到了很大的发展，教育科学研究也取得了很大的突破，其中也不乏教师的研究成果。因此有必要通过教育学术的力量，唤起或引发教师在教学科研方面的羞耻意识、敬畏意识、成就意识。在从事研究的过程中，教师可以更充分地展示自己的智慧、才华，发挥自己的创造潜能，从而认识到自身价值和人生意义，并增强自信、坚定信念。

2. 教师研究的个性化实践

教学科研的方法多种多样，在操作过程中，教师行动研究是值得推行的一种方法。教师行动研究重在解决教学活动中存在的问题。在教师行动研究中，教师是研究主体，教学实践中存在的问题是研究对象，改进教学活动、提高教学质量是研究的最终目的。教学科研的过程可以概括为设计→行动、观察→反思，具体步骤可分解为以下几个方面：一是对所发现的问题进行思考，确认研究的必要性；二是明确问题的价值意义；三是寻找解决问题的方法；四是对导致问题背后的原因进行深入分析；五是对实践经验进行总结，形成具有普遍意义的理论。教学科研具备开放性和系统性，其研究方法也能够应用到其他研究中。需要注意的是，教师在研究中要注重实践操作过程的积累，总结形成自己的理论体系。

事实上，教师的科研行为不能脱离教师的教学实践行为，研究并非从理论中进行研究，进而升华得出结论，教师的研究要紧紧围绕着解决教学活动中出现的问题这一条主线，倡导“问题就是课题”“教学就是研究”“成果就是成长”，科研的过程就是研究和教学的不断结合，是交叉在一起的。教师也可以将教学活动看成是研究过程，不必将研究看成是一件困难、遥远的事情。通过教学行动研究，教师在专业化发展中的主体地位得以巩固，教师对专业知识的掌握程度得以提升，教师的专业能力也得到了进一步发展，教师的自我发展途径和反思意识便会得到进一步扩展。英国当代著名教育家斯坦豪斯指出，“教育要取得重大改进，就必须形成教师能够接受又有助于教学的研究传统”，而教师行动研究正是促进这种研究传统形成的一种极好的研究方式。行动研究是教师专业发展的一条有效途径。

在研究的选题方面，部分教师认为教学科研的选题一定要高深，事实上，这种想法是不可取的。即使是很小的选题，只要是来源于教师的教学实践，符合客观实际，也有着研究的价值和意义。教师要避免选题误区，比方选题过于空泛、不着边际等等，不符合个人经验的选题会让研究变得缺乏意义。

对于那些在工作中容易出差错的教师来说，应当在反思中查漏补缺，弥补短板；而对于日常工作表现良好的教师而言，更应当通过教有余力的闲暇时间，通过研究总结经验，形成完整的理论体系。纵观教师的职业生涯，身处不同阶段的教师所面临的处境不尽相同，因此，所要研究的内容也不一样。只要用心，每位教师都能在自己的职业生涯中找到属于自己的研究选题。

在教学实践中，有的教师缺乏科研动力，究其原因，主要是科研意识淡薄。有的教师认为，教学科研是专属研究人员的事务，自己只要好好教学就可以了，没有必要搞科研；还有一些教师认为教学科研离自己很遥远，是很神秘、不可触及的。教师之所以科研意识淡薄，是因为教师对教学科研的性质不甚了解，以为教学科研就是科学研究。当然了，也有一部分教师具备科研意识，但部分教师在动机方面，以功利性为主，将搞科研、发表论文有利于自己评职称作为主要目的。这些在教学科研方面的片面认识，使得教师在从事科研方面缺乏积极性和主动性。

教师在教学科研方面存在不足还表现在教师对科研内涵的理解不到位，没有正确认识到科研能带来的意义。有的教师仅仅认为教学科研可以提升自己的基本素养或者科研能力，也有的教师认为教学科研只是自己达到教师专业发展的目的之一，这些观点都是片面的。事实上，教学科研最终能达到解放专业自我、提升专业形象的效果。初中英语教师面对教学科研，要调整自己的心态，从高层次看待教学科研的意义。

教学科研是灵活的，在其方式、方法上，上级主管部门也没有必要做硬性规定；在研究内容的选择上，应该积极引导教师从日常教学活动中思考、产生灵感，选取与教学实践息息相关的题材；在研究成果呈现形式方面，不仅仅局限于论文，还有教学心得体会、案例分析等都可以作为在评定职称时的参考依据。外部也应当为教师开展教学科研提供帮助，着力营造一个积极轻松、健康向上的科研环境，从根本上帮助教师形成独特的教学风格，提升教学水平。

四、注重教学风格的培植

（一）独具特色的教学更具吸引力

教学风格是教学活动中表现出来的具有稳定性特征的教学特征，是教师个人教学基调和特点的体现。正如雷朱里和史密斯所说：“教学风格即教师所偏爱的教学方法，它很少因教学内容、教学对象的变化而变化，表现出持续一贯的稳定性和鲜明的个性特点。”教学风格是教师在长期教学实践中形成的教学理念、方式方法的结合，反映了教师的独特思维方式、知识储备、审美、个性等诸多因素，往往具备稳定性和独特性。在实践教学中，很多优秀的教师都表现出独特的风格特征。

拥有独特教学风格的教师，会在日常教学活动中对学生产生潜移默化的影响。学生的心理、思维、个性特征都会受到教师教学风格的影响。教学风格的形成，也是教师在教学上成熟的重要标志，确立自己的教学风格，不仅有利于提高教学的效果，而且有利于加速教师专业化成长的进程。因此，拥有教学风格对于教师而言非常重要。

教师一旦拥有鲜明的教学风格，一定会给学生留下深刻的印象。在学生时期，每个人的生命中都会遇到各种各样的教师。岁月流逝，当我们长大成人再回顾我们的学生时期时，难免会发现有的教师我们已经叫不出他们的名字，甚至在脑海中已经淡忘，但总有一些教师让我们对其保留着深刻的记忆，有关他们的记忆片段，他们说过的话，或者某个动作，我们仍能记得清清楚楚。笔者现今仍能记得自己在高中时期的数学老师，他非常特立独行，时常留着炫酷的发型，课堂上，他经常能讲一些幽默的笑话惹得全班同学捧腹大笑，同时，他在课后也能和学生们推心置腹地交流，好像就是大家的大哥哥一样。笔者之所以对这位老师有着深刻印象，就是因为这个老师有着独特的教学风格。一位老师在教师节感念师恩主题活动感言中写道：怀念那些有趣的老师，小学时弹手风琴、穿着长裙的女音乐老师，初中时爱讲笑话的物理老师，高中时发起文学社的语文老师，还有大学时那位讲课风趣幽默的老师，他们都很有爱心，很迷人，让人总是挂念在心。这些老师正是具有教学风格的老师。法国雕塑艺术大师罗丹曾说："在艺术中，有风格的作品才是美的。"如果把教学看作艺术，只有具有别致风格的教学，才能达到教学艺术美的境界。形成自己的教学风格是教师获得教学成功的关键因素之一。

教学风格受教师的性格特征、思维方式、教学习惯等的影响，因此，不同的教师有着不同的教学风格。比方，有的教师治学严谨，讲课论证严密，逻辑性强，语言富有哲理，使人思考和警醒，具有理智型教学风格；有的教师讲课充满激情，极具感染力，常引起学生强烈的情感共鸣，具有情感型教学风格；有的教师讲课机智诙谐，语言风趣活泼，妙语连珠，课堂气氛活跃，具有幽默型教学风格；有的教师善于设疑，循循善诱，各种教学方法信手拈来，恰到好处，具有技巧型教学风格；有的教师讲课亲切自然，朴实大方，情真意切，犹如春雨渗入学生的心田，具有自然型教学风格。

虽然教学风格有多种形态，但它们都有一个共同点，那就是启迪学生的智慧，潜移默化，重塑学生的性格，让他们获得情感方面的陶冶。这种作用会从教师在课堂上所采用的教学语言、教学态度、教学方式、场景设置等方面表现出来，也会通过师生关系得以发挥。

教学个性包括教学风格，教学风格是教学个性的组成部分，也是教师教学个性的一种重要表现，二者常常密不可分。但教学风格更多的指一个教师与其教学才能相关的、稳定的、形塑化的教学方式与惯常的教学策略，教学个性更多的指与其气质、性格、价值观相关的反映教学整体风貌的教学特征。我们看到，有的男老师虽然年近花甲，但仍然精气十足，讲课声音洪亮，教学认真；有的女老师已年过不惑，仍然着装高雅端庄，特别注重自己的教学形象，对学生格外有耐心。这便是教师的教学个性而不是教学风格。

教学风格、教学个性都是教学创新的重要因素。专业自尊需要教师在成长中形成自己的教学特色和教学风格，需要教师个性化成长，而这种教学特色和教学风格的形成也是教师不断学习、教学创新的过程。教师个性化成长突出表现在教师形成个人教学风格，教师的个性与人格是其教学风格形成的基点。

有自己独特教学风格的教师更有吸引力，更能引起学生的关注。不管是为了自己的专业化发展，还是着力于将学生培养成才，教师都应当重视自己教学风格的形成。

（二）教学风格的形成

教学风格的形成受多个方面的影响，从外部因素看，有时代特征、社会传统等。在封建社会，社会和学校对教师的要求是：教态庄重、讲述翔实、治学严谨，教师在课堂上要采用串讲、背诵、评点等教学方法，因此，封建社会中教师的教学风格主要是宣讲。与封建社会不同，现代社会对学生的综合素质提出了更高的要求，重视学生的实践能力和创新精神的培养，教学目的多样化要求教师必须采用更多新的教学方法，多样化的教学风格应运而生。同时，教学内容在很大程度上也能够影响教学风格的形成，比方说，理科教学倾向于“理智型”的教学风格，文科教学倾向于“情感型”的教学风格，同时，学生状况也影响教师的教学风格。例如，特殊学校教师的教学风格会不同于普通学校，小学、中学、大学教师的教学风格也会因学生的年龄大小、知能差异而不同。

对于教师自身来说，要形成自己独具特色的教学风格，不仅要有良好的知识与能力基础，而且要有良好的情感与人格品质。知识广博精深，教师讲起课来左右逢源，才能更好地引导学生步入科学的殿堂，并形成自己的特色；能力是直接影响活动效率、保证活动任务得以顺利完成的因素，风格就是一种独特的能力，缺乏教学能力便无从侈谈教学风格。显然，教学风格的形成还与教师的生活经历、教学经验的丰富程度有关。同时，意志坚强，性格优良，对教学风格的执着追求和努力探索是形成教师教学风格的最活跃的因素。形成自己的、不为他人复制的教学特色和风格，可以增强教师的专业性和自尊。个人特质，如对教师工作的热爱、对职业的忠诚、淡泊名利、富于奉献精神等，是教学风格、专业自尊的情感背景。

教师要形成自己独特的教学风格，首先应当正确认识自己，准确了解自己的个性特征，认识自我、发现自我，知道自己的性格优势、能力特点、特长优势、缺点不足，这是形成教学风格的必要基础。因为人生经验、教育背景、个性特征等的不同，教师在教学活动中会表现出不同的个性特征，主要体现在教学原则、内容取舍等方面。在现实生活中，有的教师只一味埋头于教学，缺乏对自己的正确认识，不了解自己在教学方面的优势和不足，也不知道自己的教学有什么特征，这在很大程度上影响了教师自身的发展和成长，也不利于教学风格的培养和形成。

了解了自己的这些特点，教师就应按照教学目的和审美要求并“顺木之天性”，把它们一以贯之地运用于教学实践，使其努力形成一种独特而稳定的表现。教师要使教学风格从青涩走向成熟，磨砺就必须从每一节课开始，从每一个教学细节的改进开始，要对自己成功的教学方式予以不断总结、改进，并且坚持不懈，最终使自己的教学呈现出浓重的个性色彩，散发出诱人的教学魅力，实现“随心所欲不逾矩”的境界，而切忌一味地去套用名师的教学模式。

许多优秀教师的教学风格是在创造性教学实践中磨砺出来的，而不是通过克隆而形成的。在教学实践中，教师要挖掘并打造自己的教学个性，真正成为独一无二的“我自己”，就必须创造性地进行教学。首先要创造性地理解教材，这是形成教学风格的基础。不同风格的教师对同一教学内容的理解和处理肯定各不相同。在文本解读方面，在教材的理解方面，要能见人之所未见，思人之所未思。如果不能对常规的教学内容产生个性化的解读，那么永远不可能形成自己的教学风格。其次要使用富有特色的方法。不同风格的教师，对教学方法的运用各有不同。再次就是要锤炼自己的教学语言。教师有必要反思一下自己的教学语言，究竟是什么特点、什么风格。不管是教什么学科，教什么学段，都一定要让自己的语言具有特色。要让语言形成一种磁场，当你讲话的时候，它散发着独特的魅力，能紧紧地抓住学生的心，深深地吸引学生聆听。

（三）课堂性格养成

课堂风格的养成不是一蹴而就的，需要教师在教学实践中不断学习与取舍，这个过程简单概括为解构和重建的过程，因此，风格的养成需要花费漫长的时间。在这“破”与“立”交替上升的过程中，教师的“课堂性格”才得以形成。这要求教师具备超强的忍耐力，足以面对风格形成过程中长久的不为人知的寂寞时光。

教师选择了教育行业，意味着要接受和忍耐漫长的孤独时光，教育需要沉下心来，要求教师具备坚韧不拔的定力，能静下心来一心一意搞教育，这是教师职业的特点，也是教师职业专业化所要求的。拥有专业自尊的教师，总能坚守住内心的宁静，看淡身外之物，将教书育人的种子播撒在心田，让学生获得积极向上的力量。

教师形成独具特色的教学风格的过程，用两个字概括就是：探索。在不断探索的过程中，教师必须经受寂寞的苦楚。在无法抗拒现实压力，或个人精力不济，或没有真正研究志趣之时，耐得住寂寞的能力，便是表现“不为”的能力，它体现的是具有专业自尊的教师对教学踏实、坦诚的风骨。知耻与控制自己的能力，放弃不正当所得的能力，乃教师的一种起码自律。不具备有为的寂寞能力与无为的知耻、自知、自控与自律能力，结果就是出不了真正的教学成就。

当一个人选择成为光荣的人民教师，就应该让自己的品质得以升华，在日常教学活动中，以一种淡然、平和的心态，不断推进自己的教学活动取得新进展，积极主动追求综合素质和专业素质得到提升。

在世俗的认知中，那些善于与人打交道、性格外向的人总是容易受到认可和赞誉。事实上，人不仅仅是通过与外界的交往获得力量，更为重要的是，要学会与自己相处，挖掘自己内心深处的真实的内容。心理学认为，人在独处时可以进行自我整合和调节。整合是指能够把最新的经验恰如其分地安放在内心深处某个位置上；调节是指人通过理顺自己和外界的关系，进而获得适应外部环境、更好地发展的力量。经过自我整合和调节，个人能够将外来的印象加以消化，成为一个不断生长着的独立系统。因此，对于教师而言，是否拥有独处的能力关系到教师个人专业职业的发展。

自由是一种引人入胜的精神，是一种忘我的境界。事实上，只有当一个人达到思想自由，具备自由精神时，他才能够真正意义上地理解自由、把握自由。在教学活动中，我们鼓励教师拥有自由创新意识，开展新教育活动，这要求教师能够经守得住寂寞，不管是在什么时候，教师都应该具备高度的专业自尊，不论有什么诱惑摆在眼前，都能够以一种杜绝外来干扰、抵制诱惑的姿态，沉下心来，深入开展教学活动，进行自主创新。

事实上，人可以从孤独、从寂寞中获取能量。傅雷曾告诉他的儿子："赤子孤独了，会创造一个世界。"每个人成长过程中或多或少都会遭受寂寞时光，有的人能在这一时期沉下心来，潜心开展专业研究，最终厚积薄发，取得较好的成绩。能耐得住寂寞，是一个人的本事。对于教师而言，能够自觉抵制各种功利诱惑，排除干扰是其专业自尊的一种重要体现。当前，社会环境复杂，多数人都追逐名利，静不下心来，教师作为人类灵魂的工程师，要自觉沉下心来，苦心钻研学术。

在苦心造诣、忍耐孤独的漫长过程中，教师不可避免地要遭受诸多苦楚，这些困苦、孤独往往是常人难以忍受的。但教师应当认识到：正是这些苦楚、困苦让自己在成为一个专业化、创新性人才的道路上奋勇前进。所有成功的人在背后一定有着艰辛的付出。教师在面对读书、教书、科研等过程中出现的困难时，都要以一颗平常心去看待，以坚韧不拔的毅力去克服。等年老时回过头来看这一切，会发现这一路上所经历的困苦都只是风景。面对浮躁的社会环境，教师仍旧能保有一份淡然、宁静，甚是难得。

因此，不管是形成教学风格还是培植、发展教学风格，都要求教师能够认识自我、理解自我、培育自我，加深职业认同感，从而为形成教学个性、教学风格提供有力保障。相信每一位教师都能在自己的职业生涯中成为自己的一束光，不管身处何地，不管是否为众人所知晓。

（四）培养教学风格的方法

1. 综合建构法

综合建构法是指教师先形成自己的教学风格总体面貌，然后按照总体布局开展教学风格建构的一种方法。综合建构法是以“总体”这个概念为基础的，强调教学是一个有系统的、完整的整体，教学风格是教师在教学活动中表现出来的整体风格。因此，在构建教学风格过程中教师要注重把控教学活动的整体性，明确自己教学风格的方向，自觉地、有意识地调整构建过程中偏离方向的行为，保持教学风格系统的稳定性。

2. 选择突破法

选择突破法是指在形成教学风格过程中，教师根据自己的实际情况，找准重点，各个击破，从而形成整体教学风格的方法。选择突破法在使用过程中应当注意这几个方面：一是在突破口的选择方面，要选择那些重点的、教学活动难以解决的问题。二是突破口是能够解决的，通过教师的努力和自身优势的发挥能够将突破点击破和完成。三是突破口要能够符合教学实际，能够帮助教学风格的形成。

教学活动中，教师选择突破口前应当对自我教学经验进行归纳、梳理，明确目标，突破重点后，教师要将设定的教学风格在教学活动中贯穿实行，进而形成相对稳定的教学风格，这是选择突破法最终要达到的效果。

3. 实践升华法

实践升华法是指教师根据自己的教学活动实践，总结经验，升华方式方法，形成个人独特的教学风格的方法。实践升华法注重教师教学经验的积累，在教学活动中不断改进和完善自己的教学风格，教学实践是教学风格形成的基础。教师的教学经验是一种宝贵的财富，一个具有丰富教学经验的教师更容易被认可和肯定。教学经验不仅是教学客观规律的反映，也是教师个性特征、教学价值的体现。实践升华法要求教师及时回顾、整理、总结自己的教学经验，强调从感性认识到理性认识的转变。当然，在应用实践升华法时教师要注意选用那些成熟、有参考价值的教学经验，摒弃失败、不成熟的教学经验。

4. 理论渗透法

理论渗透法是指在教学活动中，教师将先进的教学理念或教学思想通过教学行为表现出来的方法。在各个教学环节中，都表现出了这种特点，最终教师的教学风格也因此得以构建。

要应用好理论渗透法，强调教师要认识到理论的指导意义，理论有其独特的重要性，能够对实践产生深远的影响。理论渗透法强调教师要认识并能利用好教学风格的形成规律，提高自己的思想认识，认识到教学的重要意义，以虔诚、敬畏的心态对待教学，将形成自我教学风格作为教学的追求目标。这要求在日常教学活动中，教师要树立积极主动的意识，自觉培养形成教学风格，遵循教学风格发展的客观规律，在培养和形成自己独特的教学风格过程中应用好理论渗透方法。

5. 部分移植法

部分移植法是指教师通过挑选，将他人优秀的教学风格使用到自己的教学风格中的方法。在应用部分移植法时，教师要慎重选择所要参照的教学风格，要求所选择的教学风格必须是学生认可、经得起教学活动验证的，并且能够适用于自己的教学实际情况。要确保部分移植法使用成功，教师必须加强对他人教学风格的了解程度，慎重选择所要移植的教学风格。这是应用好部分移植法的关键所在。在了解他人教学风格的基础上，教师要将移植的对象进行吸收、内化为自己的风格。事实上，移植前后的教学风格所处的教学环境等都存在很多相似或相同的地方，然而，还是有差异存在的。因此，教师要在不同教师、不同学科、不同时间、不同地点进行教学风格的有效移植，还要将二者之间存在的差异性进行必要的加工改造，这样才能实现对教学风格移植嫁接后的同化与吸收，使之成为教师的整体教学风格的有机构成部分。部分移植法还重视教师学习教学风格的“越轨移植”，即不单强调教学风格之间的移植、借鉴，也提倡横向大幅度跨领域移植。比如，教师可向其他艺术形式学习、借鉴，并合理移植其原理、方法和技术，以使教学体现出一定的风格特点。

6. 兼容并蓄法

兼容并蓄法是指教师学习和吸收其他优秀的课堂教学风格，糅合多种优秀风格，再结合自身实际情况加以调整，最后形成自己风格的一种方法。

在使用兼容并蓄这一方法时，要加以选择，也要讲究一定的限度，要注意

“兼”“并”的内容是：优秀的课堂教学风格。同时，教师也要考量自己的实际情况，对于所选择的教学风格，确保能够被自己消化和吸收，而非超出自己的接受能力，造成不必要的负担。要用好兼容并蓄法，教师要严格把握“兼”“并”的标准和限度。根据兼容并蓄法，教师选择优秀且适合自己的课堂教学风格，并对其进行调整、组合、构建，通过优化构建风格特色，教师得以形成全新的思路，以达到最优效果。通过对兼容的风格特色进行调整构建，各个部分形成相对稳定的态势。兼容并蓄法的最终目的是要求教师形成自己独特的课堂教学风格，突出个人特色优势。

在形成、培养教学风格的过程中，没有鲜明特色的教学不会吸引学生的注意力，很容易被忽略。兼容并蓄的应用可以吸收他人教学风格中好的内容，用来弥补自己的不足。在应用兼容并蓄法时，教师要建立起对专业知识的扎实储备，要有全面的教学素养。因此，教师应当通过教学实践活动不断磨炼自己的教学功底，怀着一颗包容的心态广泛吸收和接纳优秀的教学风格和先进的教学思想。教师应当明白，当自己功底足够扎实时，才能够有能力兼收他人优秀的教学品质。

一名教师，从刚刚步入教育行业的无教学风格到最后形成成熟的教学风格，是一个缓慢的发展过程，这个发展过程也可以划分为四个阶段。

第一阶段：模仿阶段。对于一个没有形成自己的教学风格，没有教学经验的教学来说，模仿是最好的选择。模仿是指教师对身边较好的案例进行仿照，将其应用到自己的教学实践中。需要注意的是，模仿并不是“一字不差”地照抄别人，而是借鉴别人的长处，根据自己的实际情况通过思考、吸收，最后转变为自己的东西。虽然教学风格的形成过程始于模仿，但这个过程一直强调教师的独立性。

第二阶段：探索阶段。随着对教学活动的初步了解和实践操作，教师对于教学风格有了更进一步的了解，在思想上，教师开始有了摆脱模仿的倾向，有意识地发展和探索形成自己的教学风格。在行为表现上，教师可能会开始研究教学语言和表达艺术、示范性艺术、教学板书版画艺术等。在这一阶段，教师会将自己的个性特征等融入自己的教学风格中。教学风格探索阶段，教师应当注意以下三点：一是胆子要大，有意识开展教育、教学改革实验；二是要认识到自己的优势，根据自己的个性、特长等，积极发挥自己在教学活动中的优势；

三是要有创新意识，敢于突破传统教学观念和教学方式的束缚，研究新的与教学有关的内容。

第三阶段：创造性阶段。在创造性阶段，教师自身已经有足够的储备，可以综合应用多种教学方法，糅合多种教学理念，不断创新和开拓教学活动中的细节，让教学艺术发挥最大化效应，以此来追求教学效果最大化，让每一位学生在课堂上都能学有所得。在这一阶段，教学特征表现为以下四点：第一，教师的教学已经明显表现出与众不同的风格特征；第二，教师所教授的学生表现出思维活跃、个性突出、富有创新性思维的特征；第三，在教学活动中，教师的独特性源源不断地体现出来，并且能够经受得住教学评价的检验，有利于教学效率的提升和教学效果的优化；第四，教师课堂教学的整体安排与效果已开始反映出一定的审美风貌，使人能够较明显地体验出教师教学的韵味。

第四阶段：独特风格阶段。在这一阶段，教师的教学风格基本形成，处于成熟稳定的状态，在日常教学的各个环节都能表现出独特、稳定、持续的状态，富有个人特色，能够快速吸引教学对象的注意力。在教学规律的指引下，教师在教学活动中持续输出自己独特的教学风格，能够促进教学质量大幅提升，教学成果显著。独特教学风格阶段主要表现出两个方面的特点：一是课堂是教师教学科学性和艺术性的展现舞台，教师让教学成为教学艺术的科学，学生也能完全融入课堂，享受教学风格的艺术美；二是在教学活动中每个层次、每个方面、每个环节都透露着教师教学的独特性和艺术性，教学活动的每个细节都是教师教学风格的浓缩。

客观地说，教师教学风格的形成过程是一个由低级到高级的发展过程，伴随着模仿行为的减少和独立行为的增多，等发展阶段成为一个稳定状态时，教学风格的形成也就完成了。

（五）追求教学风格时应遵循的原则

在文学作品中，常常有“文如其人，风格即人”的说法，这充分说明风格的重要性。创造风格并非一件容易的事情，需要持久的耐心和坚持。对于一个教师来说，形成稳定的教师风格是其趋于成熟的标志。因此，教师应当把追求完美的教学风格当作长期的追求目标。为避免进入误区，在追求教学风格过程中，教师应当参考以下原则。

1. 对自我有一个清晰的认知

一个人有了对自己的全面认知，才能发现自己身上的优势和不足之处，找到一种扬长避短的方式来提升自己，让自己不断成长。在复杂烦琐的教学活动中，教师要对自己的行为负责，首先应当清晰地认识自己，认识自己在教学活动当中的作用、地位等，明确自己在教学活动中充当的角色。

自我意识包含非智力因素和智力因素两个方面。在智力因素方面，教师应当对自己的记忆力、想象力、观察力、注意力、思维力等方面进行分析，明确自己的优势和不足。除此之外，教师还要了解影响创造力发展的因素，如了解自己属于哪种气质，拥有不同气质特征的教师分别适合不同的教学风格，要认识到教学风格的形成和个人气质等有很大的关系。

2. 对教学事业保持热情

教学归根结底属于一种艺术，艺术的本质是创造，在整个过程中，创造者要对其自身所干的事业保持高度的热情。很难想象一个不喜欢自己职业的人能够在职业相关领域取得优秀成绩，先有热爱，才有行动的动力，最后才是成就。教师也是这样，没有哪个讨厌教学的教师是能够形成适合自己的教学风格的，如果没有对所从事行业的深刻情感，教师也不会取得较大的成就。

3. 用公开课磨炼自己

课堂教学为教师形成教学风格提供了实践条件，在课堂上，教师的教学风格得到最大化的体现。通过课堂教学，教师不仅能够亲历教学过程，也能够进行内省反思。这种教学活动让教师通过实践得到提升，以此来形成或巩固自己的教学风格。教学活动是教师的教和学生的学相互糅合、相互衔接的活动，具有一定的私密性。一个有智慧的教师不仅仅把课堂当作传授知识的场所，更是将课堂当作舞台，形成和磨炼自己的教学风格。初中英语教师要想形成独特的教学风格，就应当积极作为，主动在课堂实践中培养和形成自己独特的个性和风格。需要注意的是，这种课堂实践并非日常教学中的普通课堂，而是公开课，在公开课上，教师的教学风格被展现给其他教师或行业领域内专家。这种公开课的开展以研究教学为目的，发现教学活动中存在的问题并提出解决方案，而非“装样子”。

4. 学会有益的模仿

在教学风格模仿学习方面，有的人持消极态度，认为教学风格是教师自身独特性的产物，并不能够通过模仿他人而形成。其实这种观点是错误的，没有哪一个人生来就是教师，也没有哪一个教师生来就有专属于自己的独特教学风格。艺术家也是这样，很多艺术家在成长过程中通过模仿他人，最终形成自己独特的艺术风格。模仿只是开始，创新才是最终目的。对教学风格的模仿也会产生教学风格创新，这要求教师具有独立思考的能力和自我意识。在模仿教学风格过程中，教师应当注意把握以下三点：一是要注意模仿的对象不能仅限于某一位名师，而是要多多学习，博采众长，从众多优秀教师那里学习。二是要注意模仿的方式方法。模仿并非跟在别人身后亦步亦趋，而是要有选择性、有针对性地重点模仿。三是要坚持自己的审美和看法。在模仿过程中，教师应具备对教学风格的独特认知，提高鉴别力和认知力，知道哪些该学，哪些不该学。

英语课堂教学是有迹可循的，只要积极探索其中的规律性并加以模仿，教师不难找准适合自己的风格。正如著名美学家朱光潜所说："不似则失其所以为诗，似则失其所以为我。"学一门艺术的特殊技巧，要用什么方法呢？起初都要模仿。在模仿他人过程中，教师自己也应该动脑思考，做出选择，不断完善和形成自己的教学风格，而不是单纯跟在别人身后"邯郸学步"。简单说，就是既要保持教学风格的普遍性，又要拥有属于自己的特殊性。

模仿名师教学并不意味着教师要跟在其身后"亦步亦趋""照抄照搬"，名师都有自己的独特的教学风格，如果我们把名师的教学风格全部照搬过来为我所用，可能会出现"不符合客观教学实际"的情况，就像是很灵验的治头疼的药品，用在治疗皮肤病方面就全无用处。教学风格的应用也是这样，教学风格不但是教师风格的体现，更是适应学生个性的产物。教师要模仿的，是名师教学风格的精髓，是背后的逻辑和方法，并且要根据自身实际教学情况加以调整、改进，如此为己所用，才能起到理想的效果。

5. 学而不厌的精神

事实上，教师在课堂上教给学生的知识仅仅是自己所知晓知识的一小部分，因为在教师和学生之间，还存在着"信息差"，教师并不能把自己的知识完完全全地转化成为学生的知识。如果一个教师的知识储备量只有一点，那么他在教学活动中展现给学生的可以说是微乎其微。那么在这个信息爆炸的时代，教师如何才能拥有足够的知识储备量呢？答案很简单，那就是学习。不要想着成为教师以后就可以一劳永逸，相反，教师更要秉承一颗"好学""善学"的心，以学而不厌的姿态为学生树立一个好的榜样。

6. 固定的心理思想

教师具备成熟教学风格的标志是教师在教学活动中表现出来一种固定的、持续的教学风貌。与其说是教师选择了某种教学风格，倒不如说教学风格选择了某位教师，因为教学风格是教师独特的审美、思想情趣、性格气质、思维方式等的体现，教师的教学风格与教师本人风格是不可分割的。教学风格最重要的形成标志就是：稳定性。教师在某一次课堂中偶然表现出来的教学特色不是教学风格，但假如教师在自己的教学中一贯保持某种作风，这才有可能形成教学风格，因此，教学风格的形成要求教师具备稳定的心理素质，即具有一种较为固定的心理思想。

7. 用相关学科启迪智慧

虽然英语教师的专长和术业专攻都是英语，但这并不意味着英语教师只懂英语方面的知识，对其他学科知识一无所知。诚然，英语教师在英语方面应当具备扎实的理论知识储备，但应当对其他学科知识有所涉及，这不但能够拓宽英语教师的知识面，给课堂教学带来便利，更能够帮助教师从其他角度认识英语学科，并对自己的教学活动进行审视、反思和总结，进而不断提升自己对英语的认知水平。不管英语教师是在专攻自己专业还是涉猎其他学科，这对英语教师而言都是有利的，能够促进自身思维的发展和成熟，对于形成独特的教学风格有很大的帮助。

8. 用广泛的阅读滋养课堂

教师仅仅知道课本知识是远远不够的，要形成自己的教学风格，还应当博览群书，用广博的知识开拓自己的眼界。每位英语教师都应该是热爱阅读的，很难想象一个不爱阅读的教师会对新知识产生好奇之心。阅读是提高认识的必要途径，如果没有广泛的阅读，教师很容易对课本教材的认识停留在表面，也很难做出更进一步的课堂设计，应用好教学风格。广泛阅读，教师的思想会变得更有深度，学生也会深受影响，热爱上阅读。英语的学习包括听说读写，其中的“读”和“写”都和阅读离不开关系。英语教师不但要通过读书来提升自己的文化素养，丰富自己的精神世界，还要正确把握住英语课堂教学的客观规律。如果对自己所教的学科没有清晰认知，拥有再丰富的知识水平和再高的认知水平也无济于事，也很难形成自己的教学风格。

读书可以滋养我们的人生，丰富自己的文化素养，给教学艺术风格的形成提供“肥沃的土地”。同时，我们还要有对英语课堂教学规律的认识和把握，这是教学艺术风格形成的“树根”。只有这两点的巧妙结合，教学艺术风格之“树”才能“根深”“枝繁”“叶茂”“硕果累累”。

（六）优秀教师教学风格的养成

没有人生来就是优秀的，优秀的教师更需要后天培养。德国教育家、哲学家雅斯贝尔斯曾这样评价过大学生：“他们不是普通人，而是敢拿自己来冒险的人。这种冒险既是现实的又必须带有想象力。”相较于普通教师，优秀的教师拥有对教育的执着的信念、真挚的热爱、不懈的努力，他们往往敢于在教学实践中冲破束缚，把教学工作开展到极致，成为教师群体中的佼佼者。

1. 长于读

“骐骥一跃，不能十步；驽马十驾，功在不舍。”对于优秀的教师来说，要坚持长期阅读，从阅读中，教师可以汲取很多养分，以此来培养教学的技巧和思维。

“读”并不是漫无目的，不讲究章法的。在开始阅读前，教师要制订一个明确的目标和详细的计划，比如说在选择读哪些书方面就要慎重考虑，计划用多长时间将书读完等等。在读的内容的选择上，教师应当开阔胸襟，不但要阅读“成文”的书，还要阅读“不成文”的书，如社会主流思想、中国各个时期的教育思想等，教师要将阅读与自己的教学实践结合起来，让阅读指导教学实践。

2. 乐于听

我国教育家陶行知认为，教师要俯下身子向学生请教，了解学生的真实想法，了解他们的真实能力、所处环境、需求等，只有这样教师才能更加有效地教导学生。因此，教师要秉持宽阔的胸襟，积极主动去倾听来自学生、家长、同行、教育专家等的不同声音，了解学生实际需求，了解社会发展对于教师所提出的要求，做到“一切为了学生”。教师不应该是自以为是、自负的，应当主动了解各方面对自己所持有的期望和意见，找到自己不足的地方，并尽量弥补。要尊重学生的个性差异，了解学生特长，做到因材施教，让每一位学生都能在成长中获取知识的力量。

除此之外，教师倾听的对象还有同行、家长和教育专家，教师要经常性地去和家长沟通，共同探讨学生成长教育的问题，倾听他们的想法，还要去听同事对自己教学活动的意见和建议，听教育专家对于初中生教育的理论。总而言之，教师应心怀一颗谦卑而好学的心，通过听各方意见，来掌握教育方法，了解学生，有针对性地开展教学活动，并反思自己的不足之处，博采众长，从而提高自己的教学水平和能力。

3. 敏于看

“看”要求教师具备足够敏锐的洞察力，要拥有能够透过事物的表面看到本质的能力，在平凡而普通的生活中，教师要拥有一双“慧眼”，善于去观察身边的东西。《红楼梦》中有句“处处留心皆学问，人情练达即文章”，意思是在我们的日常生活中，只要留心观察，就可以从一些细小的事情中获得知识。教师作为教书育人的群体，更有责任和义务在日常生活和工作中进行观察、学习。教师的成长并非独自、不依靠外界完成的，更需要整合优质教学资源，吸纳和接收他人之所长，从而进一步提升自身的专业化水平和能力，增强其专业素质。比如，在日常工作中，教师可以观摩其他优秀教师的教学，对比与自己的不同处，认可并将别人的优势吸纳过来为自己所用。事实上，教师在形成自己独特的教学风格的过程中会有很多学习的机会，教师应当把握住身边一切可以用来学习之物，最终收获专业成长。

4. 精于做

教学是一种实践活动。教师的“听”“看”“想”最终都是要服务于教学活动的，因此，教师要勇于实践，在实践中发现问题，改进自己，精进教学活动，只有这样才能实现自己和学生的共同发展。一个教师优秀不优秀，是通过对他的教学实践、教学活动进行评判得出的结论，只有脚踏实地地“做”才能提高教师的竞争力，优秀的教师离不开教学实践活动，离不开“做”。

5. 习于思

美国心理学家波斯纳认为，教师的成长离不开教学经验的积累和不断反思，由此可见反思的重要性。作为一名初中英语教师，要经常反思自己的言行，是否符合教育规范、是否有利于学生成长，在这个过程中，教师对自己的认知会更加清晰。教师对自己的认知不会再停留在表面、停留在想象之中，而是一种更加客观、真实、深刻的认知。教师经常性的自我反思能够带来诸多好处，不但能够进一步提升教师对知识的理解，也能够促进其形成更好的知识结构。所以，教师应当养成自我反思的习惯，反思的内容包括自己的教学行为、教学理念、专业知识，反思学生的学习过程、社会中的某个教育现象等，在不断反思的过程中提升自己的英语课堂教学实践能力和水平。

6. 勤于写

“写”并不是要求教师写多么高深的东西，而是对教学活动过程的记录，包括教学随笔、教学反思、教学案例、教学故事等等。在某种意义上，“写”是“做”的一种表达方式，通过文字记录的方式，教师可以让自己的思想呈现在纸上，用文字的形式展现出来，透过文字，教师可以更加敏锐地观察到自己的思路，有助于思考的进一步加深。

7. 巧于说

一名优秀的英语教师，其在“说”方面一定具备着不可或缺的优势，英语学科的特殊性在于重应用，能“说”、会“说”、善“说”的英语教师在学生群体中颇受欢迎。“说”可以用来传递信息、交流情感，也可以创造思维。“说”是教师将自己所储备的知识由抽象变为具体、由隐性变为显性的过程。通过“说”，教师的个体化、技巧化、情境化知识得以转化为社会化、符号化、普遍化的知识，最终实现知识共享、知识创新的目的。在课堂教学活动中，教师通过自己的教学符号——语言、肢体动作等，构筑起知识的殿堂，引导生本对话、生我对话、生师对话、生生对话，进而帮助学生获得成长。教师要完成职业目标，必须依赖“说”，教师应当锤炼和提升“说”的功力，勇于“说”、善于“说”、巧于“说”。教师在教学活动中用语言构建起来的教学体系，不仅让学生收获了相关知识，也为学生搭建了一个交流、发展的平台。“说”也是教师实现教学目标的必要途径，因此教师要培养和提高自己“说”的能力，为自己的职业进步奠定坚实基础。

8. 善于处

师生关系是教学活动中最为普遍和广泛的关系，良好、和谐的师生关系有助于教学目标的实现。从某种意义上来说，师生关系是“合作伙伴”关系。当然了，教师应当维护和处置好教学活动中可能出现的所有关系，如和家长的关系，教师和家长都有共同的目标：为了学生更好的发展，教师和家长可以是“朋友关系”；教师和同事的关系，是“互相帮助、取长补短”的关系，教师和同事有着共同的身份，有交流的共同话题。教师在教学活动中要维护好、利用好所拥有的一切关系，切实提高自己的教学水平和能力，更好地为学生创造一个美好的学习环境。

要成长为一名优秀教师，教师需要从多个方面、多个角度齐头并进，而不是“顾得上这头，顾不了那头”，全面发展的教师才能得到学生的认可和欢迎。

参考文献

［1］刘道义.基础英语教育发展报告（1978—2008）［M］.上海：上海英语教育出版社，2008.

［2］王湛.巩固成果开拓进取　深入开展基础教育课程改革的实验与推广工作（代序）［P］.陈琳，王蔷，程晓堂.普通高中英语课程标准（实验）解读［M］.南京：江苏教育出版社，2004.

［3］王岚，王洋.英语教学与英语思维［M］.吉林：吉林人民出版社，2019.

［4］罗智萍.初中英语新形势下如何创新教学模式［J］.课程教育研究，2019（47）：101-102.

［5］刘东红.初中英语课堂教学中学生创新能力的培养［J］.甘肃教育，2018（13）：65.

［6］余文森，王晞.教育学［M］.北京：北京大学出版社，2019.

［7］潘建中.凝练教学风格［M］.北京：北京理工大学出版社，2018.

［8］李晓东，赵群.教学心理学［M］.北京：北京大学出版社，2008.

［9］陈仙梅.学生心理与教育研究［M］.浙江：浙江大学出版社，2017.

［10］王炜.初中英语教师应具备的三个基本素质［J］.当代教育理论与实践，2012（1）：43-44.

［11］李慎忠.中学生英语学习动机因素分析［J］.中学生英语，2014（3）：59.

［12］杨雪芹.中学生英语学习动机特征分析［J］.盐城师范学院学报（人文社会科学版），2006（8）：60-63+67.

［13］林静蔚.中学生英语学习动机因素分析［J］.教学与管理（理论版），2006（5）：96-97.

［14］韩炳华.对话·合作·共享［J］.中学英语教学思维，2018（1）：17.

［15］郭加明，陆一春.创新思维与英语教学［J］.现代企业教育，2010（14）：2.

［16］高东华.浅谈创新思维在高中英语教学中的运用［C］//全国教育科学学术科研，2017.

［17］肖晓月，刘琳.让多媒体真正融入英语教学［J］.学园（教育科研），2013（1）：50–51.

［18］田建伟.让理科思维融入英语教学［J］.大观周刊，2011（30）：13.

［19］李如密.教学风格论［M］.北京：人民教育出版社，2002.

［20］冷煜琳，沈玉如. 教师教学风格与大学生英语学习效果之间的相关性研究［J］.海外英语（上），2016（1）：40–42.

［21］黄玲. 教师的教学风格及人格魅力对大学英语学习的影响［J］.赤峰学院学报（自然科学版），2013（13）：181–182.

［22］赵乐芳.教师风格对大学英语教学效果的影响［J］.山东商业职业技术学院报，2016（6）：56–58.

［23］郝宝芬.英语课堂教学中应注意个性化的培养［J］.新课程（上），2014（1）：75.

［24］冯丽.浅析新课程标准下的英语教学［J］.中学生英语（初中版），2012（23）：53.

［25］张丽.浅析新课标英语教学理念［J］.少儿科学周刊（教育版），2014（3）：43.

［26］李源田，朱德全，杨鸿.试论名师教学风格的养成［J］.上海教育科研，2010（3）：62–63.

［27］贺雯，黎雯君，刘兴哲.中学教师教学风格形成研究［J］.宁波大学学报（教育科学版），2013（6）：66–68.

［28］何昀.课堂艺术与学习兴趣［J］.当代教育论坛，2003（3）：94.

后 记

英语是一门重要的语言，也是一门重要的学科，英语学习会一直陪伴着我们的学习生涯，其运用及作用，不管是在学习、日常生活、工作中，还是在经济发展中都不可或缺。而初中作为英语学习的储备期，是为之后的英语学习奠定牢靠根基的重要时间段。在这个阶段应当更加重视英语的学习，打好扎实的英语基础，为以后的英语学习储备学习方法、学习技巧、学习工具。因此，初中阶段的英语学习非常重要，这也对初中英语教师提出了更高的要求。

在目前的教育形式下，要求教师教给学生的不仅仅是基础知识，更重要的是教会学生学习的思维和方法。学生通过教师的教学和指导，能够增长知识，形成自己的知识体系，提升相关能力和素质，这都是应当达到的教学目标。“指挥棒”交到了教师手中，教师该如何发挥自身优势，为学生做出确切、清晰的指导呢？这需要引起广大教育者深思。

相信在所有教师的教学活动中，出现最多的工具就是教材了，诚然，以教材为本没有错，但是教师要明白，教材并不是“死”的，教师要想方设法让教材中的知识内容“活”起来。同时，教师也要发挥学生在课堂上的主体地位，给学生更多的表现机会。能让学生说的教师不说，能让学生做的教师不做。通过创设各种合作学习的活动，来促使学生养成互相学习、互相帮助的学习习惯。

旧的教学模式一直存在着“重知识讲授，轻能力培养”的倾向，常常产生“高分低能”现象。而如今的社会需要高素质的人才，所以教师必须转变教育教学观念，寓素质教育于英语课堂教学中，面向全体学生，充分发挥学生特长，为学生在教学中提供个性化学习的途径和手段，与学生形成民主、平等、互动的关系。从某种意义上讲，英语课堂教学的成败就在于教师人格魅力的影响和教学风格的感染力度。当代的教师必须自觉地、不断地追求科学的教育教学风格，帮助学生树立正确的人生观、价值观，实现既教书又育人的目标。

本书写于新课程改革和“双减”政策背景下，写作是一个漫长的过程，在这期间我常常思考：作为一名初中英语教师，除了按照常规教学方法，给学生传授知识以外，我还可以做些什么？

初中生正处于从儿童向青年期过渡的急剧变化的时期，他们具有半成熟、半幼稚，半懂事、半不懂事的特点，或者说具有半儿童、半成人的特点，他们有活力、精力充沛，按照传统的教学方法难免会禁锢了他们的活力和激情，想让他们更好地成长，教师必须付出一些努力。我也经常地尝试去和我的学生们进行沟通，了解他们的想法。关于对我的课堂的建议，学生A说：“希望老师多给我们讲些课本以外的知识，外国的风俗人情都可以的！”学生B说：“要是老师您能在课堂上多教我们唱一些英文歌就好了。”看着这些稚嫩的脸庞，我觉得自己在英语课堂教学的道路上还有很长的路要走。希望我们国家的初中英语课堂教学能够再上一个新台阶！